The Urbana Free Library

To renew materials call
217-367-4057

Los primeros cuidados del bebé

		DATE DUE	

Grupo ROBIN BOOK

Barcelona - México
Buenos Aires

Los primeros cuidados del bebé

Marianne Lewis

bebé

ROBIN BOOK

nuevos padres

© 2009, Ediciones Robinbook, s. l., Barcelona

Diseño de cubierta: Regina Richling

Fotografía de cubierta: istock © Melissa Schalke

Ilustraciones interior: Lluïsa Guedea

Diseño interior: PACMER

ISBN: 978-84-9917-032-9

Depósito legal: B-39.928-2009

Impreso por Limpergraf, Mogoda, 29-31 (Can Salvatella),
08210 Barberà del Vallès

Impreso en España - *Printed in Spain*

Índice

Introducción

Finalmente han transcurrido los nueve meses, hemos salido airosos del parto y, sí, ya somos padres. Y entonces descubrimos que no tenemos ni idea; que, a pesar de haber dispuesto de un montón de tiempo para asimilarlo, el papel nos viene grande y no sabemos por dónde empezar.

Pues bien, lo primero que debemos hacer es no ponernos nerviosos –qué fácil es decirlo– y dejar de pensar que somos un desastre y que lo estamos haciendo fatal. Todos los padres primerizos –sí, he dicho todos, desde el más previsor al más ingenioso o al más listo– se sienten así al principio. Y es que uno se convierte en padre de la noche a la mañana, y hay que dar el callo desde el primer instante y, además, sin disponer del tiempo necesario para poder reflexionar un poco y digerirlo. La prueba concluyente de que es algo perfectamente normal, consecuencia de la falta de experiencia y de la novedad, es que con el segundo hijo –los osados que se atreven a tener más de uno, claro– todo resulta mucho más sencillo y natural. Así pues, tenga siempre presente que está perfectamente capacitado, que lo más importante es demostrar al pequeño lo mucho que le quiere y que puede contar con usted, y que en el peor de los casos, si realmente se equivoca, siempre tendrá la oportunidad de rectificar.

De todos modos, por muy bien que nos lo tomemos, el primer año de vida de nuestro hijo será sin duda uno de los más duros. Y es que a nuestra falta de experiencia habrá que añadir las limitaciones del pequeño: no habla, no sabe desplazarse solo, sigue su propio horario y todavía no entiende muchas de las cosas que ocurren a su alrededor. El principal propósito de este libro es hacerle un poco más fácil la ardua tarea de cuidar un bebé. Piense que muchos conflictos pueden evitarse o al menos minimizarse si se tiene la información necesaria, y que el mero hecho de saber a ciencia cierta cuál es el problema casi siempre lo hace más llevadero.

En este volumen hemos intentado recoger los temas que más preocupan a los padres, desde la alimentación del pequeño y su desarrollo, hasta el hábito del sueño o los misterios del llanto, pasando por las enfermedades más habituales, la higiene, el vestuario y la seguridad. A pesar de estar agrupados en apartados temáticos, cada capítulo puede leerse independientemente. Así pues, cuando esté preocupado por algún comportamiento de su hijo o quiera obtener información acerca de un aspecto concreto, solo tiene que coger el índice y buscar el capítulo que trate sobre ello. En él encontrará un texto conciso y directo que espero le sirva de ayuda. Y, lo dicho, no se desanime. No olvide que criar a un hijo debe ser una experiencia maravillosa y que no se trata de sufrir, sino de disfrutarla al máximo.

I. El desarrollo de nuestro pequeño

1

No sé cuánto debe crecer
y engordar mi bebé

Uno de los temas que más preocupan a los padres durante los primeros meses de vida de sus hijos es el aumento de peso. Nuestras madres solían pesar a sus hijos antes y después de cada toma, para ver si habían comido lo suficiente y si el alimento ingerido les hacía provecho. Si nuestro pequeño siempre mamara o se tomara el biberón según las pautas que ha marcado el pediatra todo sería muy fácil, pero eso no siempre es así. Hay días que vomitan cada vez que comen, otros días parecen quedarse con hambre e inquietos, y otros simplemente se niegan a comer. El resultado es que no nos quedamos tranquilos hasta que el pediatra lo pesa, lo mide y nos dice que todo va bien, que su desarrollo es perfectamente normal y que sigamos haciéndolo tan bien como hasta ese momento.

Pautas de crecimiento normal

Cada niño sigue su propia pauta de crecimiento, por lo que no existe una cantidad mágica sino más bien unos baremos orientativos. Así pues, un bebé sano suele duplicar su peso entre los cinco y los seis meses, y triplicarlo al cumplir un año. Eso no significa necesariamente que el aumento sea siempre igual, sino que un mes puede aumentar menos de 500 gramos y el siguiente más de un kilo. Lo mismo ocurre en relación con la altura, aunque el primer año la mayoría de niños suelen crecer unos 25 centímetros. La verdad es que tan solo debemos preocuparnos si nuestro bebé no aumenta ni un solo gramo o de repente empieza a perder peso.

Gráficas de peso y altura

Existen unos gráficos de peso y altura que señalan los valores que se consideran normales en cada edad. Nuestro hijo puede coincidir con la línea más alta, con la más baja o con una de las intermedias. Lo importante es que no esté ni por debajo ni por encima de dichos valores. Hay que tener en cuenta asimismo que el peso y la altura no tienen por qué aumentar con el mismo ritmo, de modo que un niño puede ser más bajo que la media y en cambio tener un peso que coincide con la curva central de crecimiento.

Veamos cómo son estas gráficas.

Longitud de las niñas de acuerdo con percentiles de edad

Edades de nacimiento – 36 meses

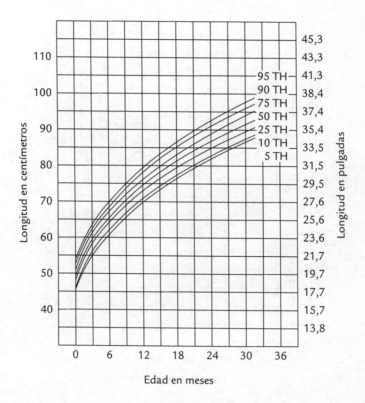

(Los pesos y medidas promedio en Estados Unidos.)

Peso de las niñas de acuerdo con percentiles de edad

Edades de nacimiento – 36 meses

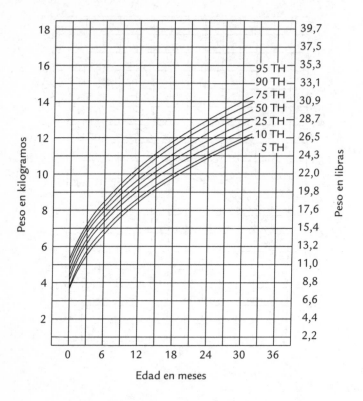

(Los pesos y medidas promedio en Estados Unidos.)

Longitud de los varones de acuerdo con percentiles de edad

Edades de nacimiento – 36 meses

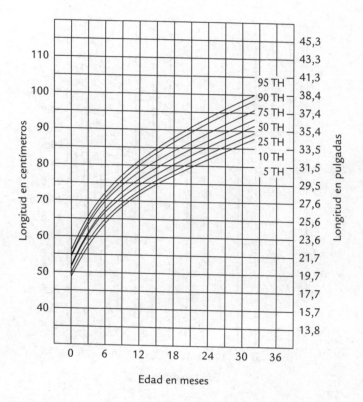

(Los pesos y medidas promedio en Estados Unidos.)

Peso de los varones de acuerdo con percentildes de edad

Edades de nacimiento – 36 meses

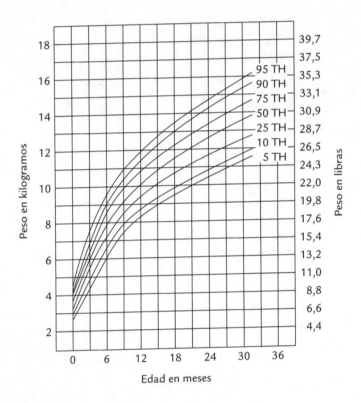

(Los pesos y medidas promedio en Estados Unidos.)

Cómo puedo saber si mi leche le alimenta

Todos hemos oído decir alguna vez que hay leches que no alimentan por ser de mala calidad. Lo cierto es, sin embargo, que en la mayoría de los casos la madre produce el alimento óptimo para su bebé. Lo que sí puede variar mucho de una madre a otra es la cantidad. Si nuestro hijo parece quedarse con hambre o llora antes de hora pidiendo comida, y nuestra intención es seguir amamantándole durante unos meses, lo mejor que podemos hacer es ofrecerle el pecho sin hacer caso de horarios prefijados. Ello estimulará la producción de leche, que cada vez será mayor. Cuando dude y tema estar haciéndolo mal recuerde que poniéndose el niño al pecho no puede hacerle ningún daño, sino todo lo contrario. El pecho es el alimento de su hijo, pero también su consuelo y su refugio.

Algunos datos que indican que está bien alimentado

- Después de comer está tranquilo y parece satisfecho.
- Después de comer se duerme.
- Aumenta entre 150 y 200 gramos semanales (o entre 15 y 30 gramos al día).

2

¿Por qué mide el pediatra la cabeza de mi hijo?

Los recién nacidos se caracterizan por tener los huesos del cráneo separados, hecho que facilita su paso por el canal del parto y que explica que en muchos casos su cabeza tenga un aspecto apepinado durante los primeros días de vida. El espacio que queda entre dichos huesos se llama fontanela o área suave. Los bebés tienen dos fontanelas localizadas en la línea media del cráneo. La más grande está situada cerca de la frente, entre el hueso frontal y los parietales, y se conoce con el nombre de fontanela anterior; la más pequeña se halla cerca de la nuca, entre los huesos parietales y el occipital, y se denomina fontanela posterior. Su tejido membranoso y flexible permite el crecimiento del cerebro –que dobla su peso durante el primer año– y de la caja craneal que lo contiene. El médico mide la circunferencia de la cabeza y las fontanelas porque ello le permite obtener información muy importante acerca de la salud y el desarrollo del bebé.

El tamaño de la cabeza

En los bebés el tamaño de la cabeza puede variar mucho sin por ello dejar de ser normal. Dependerá en gran medida de la duración de la gestación –si se trata de un niño prematuro o de término– y del desarrollo que hayan alcanzado tanto su cerebro como su sistema nervioso. Así pues, el pediatra efectuará una primera medición que le servirá de referencia para ver cuál es el crecimiento real de la cabeza y del cerebro del pequeño, y para detectar de forma precoz posibles problemas o anomalías. También medirá las fontanelas –la anterior suele medir entre 2 y 5 centímetros de longitud y entre 2 y 4,5 centímetros de anchura; la posterior no mide más de 2 centímetros– y comparará dichos valores con los que obtenga en las siguientes visitas.

Problemas relacionados con las fontanelas

● **Microcefalia (cráneo pequeño):** si se produce un cierre precoz de las fontanelas, el cerebro no puede desarrollarse con normalidad.
● **Macrocefalia (cráneo muy desarrollado):** si las fontanelas se cierran más lentamente de lo normal, es decir, si una vez cumplido el año y medio aún no se han osificado.

Precauciones que hay que tener con las fontanelas

A pesar de su aspecto frágil, las fontanelas están formadas por una capa cartilaginosa que es muy resistente. Por otro lado, los huesos craneales del niño son elásticos, de modo que amortiguan los posibles golpes mucho mejor que en el caso de una persona adulta. Así pues, bastará con tomar las precauciones normales para no dañar el cerebro que queda debajo. Podemos limpiar y frotar la zona sin ningún miedo, del mismo modo que el resto de su cuerpo. No debemos alarmarnos tampoco si la fontanela anterior aparece hundida o abultada, o si vibra a cada latido del corazón.

¿Cuándo se cierran las fontanelas?

La fontanela anterior tiende a hacerse más grande durante los primeros meses de vida del bebé y después se va cerrando lentamente. Alrededor de los 12-18 meses se cierra definitivamente. La fontanela posterior, por su parte, se cierra entre los dos y los cuatro meses de vida; algunos recién nacidos ya la tienen cerrada al nacer.

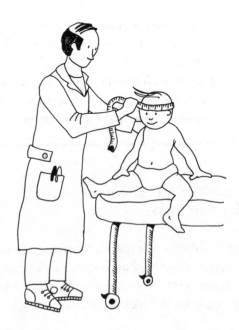

3

¿Para qué sirve exactamente la incubadora?

Tener que abandonar la clínica después de haber dado a luz sin llevar a nuestro bebé en brazos resulta terriblemente triste e injusto, pero a veces no queda más remedio. Los niños prematuros o que nacen con algún problema debido a la falta de madurez suelen quedarse ingresados en el hospital metidos en una incubadora, un receptáculo que a los padres les parece frío y cruel pero que es vital para su pequeño.

Funciones de la incubadora

- Proporcionar calor: es su función principal. Cuanto más pequeño es un bebé, más le cuesta conservar el calor y, por lo tanto, mantener la temperatura corporal adecuada. Si no lo metiéramos en una incubadora tendría que concentrar todas sus fuerzas en dicho cometido y apenas le quedaría energía para crecer. El enfriamiento podría causarle asimismo problemas respiratorios.
- Mantener el grado de humedad indicado.
- Proporcionar niveles de oxígeno más altos: casi todos los bebés prematuros tienen problemas respiratorios y precisan de oxígeno adicional.

- Evitar la contaminación del ambiente: es un espacio aislado libre de agentes infecciosos.
- Facilitar la observación del pequeño: las incubadoras están hechas con materiales transparentes y, como están calientes, permiten tener al niño desnudo. Todo ello facilita el trabajo de médicos y enfermeras, que pueden observar cualquier parte de su cuerpo de forma fácil e inmediata.
- Permitir el contacto entre los padres y el bebé: están equipadas con unas aberturas que permiten introducir las manos y acariciar al pequeño. Este contacto puede parecer insuficiente a los padres, pero es muy importante para el bebé.

¿Qué niños se colocan en una incubadora?

- Niños prematuros.
- Niños incapaces de mantener la temperatura corporal.
- Niños con alguna enfermedad.
- Niños que precisan atenciones especiales.

¿Cuándo abandonan la incubadora?

El recién nacido permanecerá en la incubadora hasta que alcance el peso adecuado o supere el problema que le obligaba a estar en ella. Antes de abandonar definitivamente la clínica pasará unos días en una cuna normal. De este modo los médicos podrán observar cuál es su evolución en condiciones normales.

4

¿Por qué pierden peso los recién nacidos?

El peso de nuestro hijo al nacer será una de las cosas que más repetiremos después del parto. Todo el mundo nos lo preguntará y nosotros lo diremos una y otra vez llenos de orgullo. Antes de abandonar la clínica, no obstante, nuestro pequeño habrá perdido varios gramos. No debemos alarmarnos ya que es algo perfectamente normal. El cuerpo de los recién nacidos contiene una gran cantidad de agua que se elimina de forma natural a través de la orina y el sudor durante sus primeros días de vida. Si hemos decidido amamantar a nuestro bebé hemos de tener en cuenta además que nuestros pechos no producirán leche hasta pasados unos días y que hasta ese momento nuestro pequeño no ingerirá ningún alimento.

Pérdida de peso normal

Durante los primeros días los recién nacidos suelen perder entre un seis y un diez por ciento de su peso. Eso significa que un bebé que pesa tres kilos al nacer puede llegar a pesar dos kilos setecientos gramos sin que ello signifique que hay algún problema.

Tiempo que se tarda en recuperar el peso inicial

Pasados unos días, todos los niños recuperan su peso inicial y empiezan a crecer. La rapidez con que lo hagan no indica necesariamente un mayor grado de salud en el pequeño. De todos modos, si el estancamiento de peso se prolonga más de lo indicado, deberemos avisar al pediatra.

- Niños de término saludables que toman pecho: entre diez y quince días, aproximadamente.
- Niños de término saludables que toman biberón: suelen perder menos peso porque enseguida empiezan a ingerir alimento y, por lo tanto, recuperan el peso inicial más rápidamente, alrededor del quinto día.
- Niños que han nacido por cesárea: alrededor de quince días, ya que la recuperación de la madre también es más lenta.
- Niños prematuros: tardan entre tres y cuatro semanas en recuperarlo. Dependerá del grado de inmadurez.
- Niños posmaduros, es decir, que nacen dos semanas o más después de la fecha de parto y a pesar de ello presentan un cuerpo pequeño y delgado: apenas pierden peso y ganan gramos muy rápidamente durante los primeros días.
- Niños que nacen con alguna enfermedad: entre tres y cuatro semanas; dependerá de la gravedad de la enfermedad.

5

Me gustaría saber qué ve un recién nacido

¿Puede distinguir mi cara mientras le doy de mamar? ¿Puede apreciar los colores o lo ve todo en blanco y negro? ¿Puede ver objetos pequeños? Estas son algunas de las preguntas que todos nos hacemos acerca de nuestros pequeños. Es cierto que la vista no es el sentido que los niños tienen más desarrollado al nacer, pero ello no significa que no puedan ver. Son capaces de distinguir entre la luz y la oscuridad, pueden enfocar la cara de su mamá mientras comen e incluso pueden fijarse en un objeto si hay contraste con lo que tiene alrededor. Por lo que se refiere a sus inclinaciones, en general prefieren las líneas curvas a las rectas, les gustan más los patrones simples que los complejos y les encanta ver objetos en movimiento.

Algunos de sus logros con la vista

- A las dos semanas de edad pueden distinguir los objetos grandes de los más pequeños.
- Alrededor de las diez semanas empiezan a diferenciar colores de idéntica brillantez.
- A los dos meses son capaces de seguir con sus ojos un objeto en movimiento.

- Entre los tres y los cuatro meses consiguen discriminar los colores del mismo modo que lo hace un adulto.
- Entre los cuatro y los cinco meses son capaces de reconocer una cara independientemente de la expresión facial que esta muestre.

Algunas ideas para estimular su visión

- Háblele mientras se mueve por la habitación. Se acostumbrará a utilizar los ojos y descubrirá sus muchas posibilidades.
- Cuando lo tenga en brazos no lo coja siempre del mismo modo: al pasarlo del brazo derecho al izquierdo modifica su campo de visión.
- Colóquese delante de él con algún juguete u objeto llamativo y muévalo de arriba abajo y de izquierda a derecha, para que lo siga con la mirada.
- Cuelgue un carillón o un móvil sobre su cuna.
- Póngale un juguete en la mano, quíteselo y luego vuelva a dárselo.
- Ocúltese desapareciendo de su campo de visión para reaparecer de repente haciendo algún sonido característico.
- Mientras lo baña, y una vez ya se sostenga sentado, juegue con él a coger agua con una taza o vaso. Ello le ayudará a percibir las distancias.

6

Mi bebé tiene siete meses y todavía no gatea

El gateo suele ser un paso intermedio que se inicia una vez el niño es capaz de mantenerse sentado sin ayuda y que se prolonga hasta que empieza a caminar. Hay bebés, no obstante, que nunca gatean y que pasan directamente de sentarse y voltearse a dar sus primeros pasos. O que en vez de gatear se arrastran a gran velocidad empujándose con el culito. Así pues, deberemos esperar a ver cómo reacciona nuestro pequeño.

Cuándo empiezan a gatear

Hay bebés que a los 6 meses ya empiezan a arrastrarse ayudándose de codos y rodillas, mientras que otros no lo hacen hasta los 14 o 15 meses de edad. La mayoría, sin embargo, lo hacen entre los 8 y los 9 meses. Es probable que las primeras veces que lo intente se mueva hacia atrás en vez de hacia adelante. Recuerde que está aprendiendo algo totalmente nuevo y que representa un gran reto para él. Anímele en todo momento y espere a que encuentre la manera de rectificar.

Fórmulas para estimularle

- Deje cerca de él algún objeto que le guste o le resulte atractivo. Su afán por hacerse con él hará que encuentre la manera de desplazarse.
- Delimite una zona amplia y segura por la que pueda moverse libremente bajo su atenta mirada.
- No lo deje largas horas en el parque para tenerlo controlado si puede evitarlo. Es verdad que allí está seguro, pero como no puede ir muy lejos pierde el interés por gatear y desplazarse.
- Apláudale cuando haga algún progreso o consiga moverse y llegar a donde él quiera.
- Ponga sus manos detrás de sus pies de modo que pueda empujarse contra ellas y hacer fuerza para avanzar.
- Póngase a gatear delante de él, para que pueda imitarle.

7

¿Cuándo echará a andar mi pequeño?

La mayoría de los padres esperan ansiosos a que sus hijos den los primeros pasos. Y es que empezar a andar representa una etapa muy importante en su desarrollo. Andar les proporciona autonomía, les permite explorar el espacio, tomar conciencia de su cuerpo y experimentar su vulnerabilidad. Durante esta fase el niño dedicará la mayor parte de sus energías a este aprendizaje, por lo que es posible que deje de lado momentáneamente otras conquistas realizadas con anterioridad.

Factores que influyen

- **El carácter:** hay niños que tienen más iniciativa y son más lanzados, mientras que otros son más reticentes o precavidos.
- **La estimulación:** los pequeños que se pasan largas horas en el parque o atados en una sillita mostrarán menos interés que los que disponen de espacio para moverse libremente. No olvide, sin embargo, que estimularles antes de que estén preparados puede ser contraproducente.
- **El entorno:** si hay otros niños en casa, o si el pequeño va a la guardería, puede aprender antes por imitación, o coger miedo porque los más mayorcitos le hacen caer.
- **Los genes:** el código genético de nuestro hijo determinará en gran medida su desarrollo.
- La madurez de su **sistema nervioso** y el grado de robustez de su **musculatura**.

Cuándo empezará a andar

Por regla general, los niños empiezan a ponerse de pie alrededor de los once meses, pero no se sueltan a andar hasta los catorce. Debemos recordar, no obstante, que aunque existe un patrón de desarrollo más o menos estándar, no todos los bebés crecen al mismo ritmo, ni adquieren las mismas habilidades a la misma edad, ni pasan por las mismas etapas. Sin embargo, todos aprenden a caminar antes o después. Así pues, habrá niños que darán sus primeros pasos antes de cumplir el año y otros que no se lanzarán a hacerlo hasta cumplidos los dieciocho o diecinueve meses. Todos son perfectamente normales. La verdad es que solo debemos preocuparnos si nuestro hijo manifiesta un claro retraso en todas y cada una de las facetas del crecimiento.

Pasos previos

1. El niño empieza a permanecer sentado y se apoya en sus brazos para alcanzar los objetos que quedan a su alcance. De este modo refuerza la musculatura de la espalda y de los brazos.
2. Empieza a mostrar una clara voluntad de movimiento y se las ingenia para desplazar todo el cuerpo coordinando los movimientos necesarios. Empieza a voltear, a arrastrarse y/o a gatear.
3. Empieza a ponerse de pie ayudándose de todo aquello que tiene al alcance. Para que ello sea posible debe robustecer los músculos de la espalda, de los glúteos y de los muslos.
4. Perfecciona el gateo o la técnica escogida para desplazarse. Logra superar desniveles e incluso subir peldaños.
5. Pasa de la posición tendida a la sentada o a ponerse de pie sin ningún problema.
6. Consigue mantenerse en pie y dar sus primeros pasos cogiéndose de la mano de una persona mayor.

Algunos consejos prácticos

- En vez de destrozarse la espalda intentando enseñar a su hijo a andar, acérquele un palo de escoba; verá cómo se agarra a él espontáneamente.
- Deje que su hijo ande descalzo por casa. Le resultará más fácil mantener el equilibrio y se sentirá más pegado al suelo.
- Retire los muebles que tengan poca estabilidad o sean demasiado ligeros ya que de lo contrario se acabará apoyando en ellos y se caerá.
- Ponga barreras de protección en todas las escaleras y cierre con llave aquellas habitaciones en las que no quiere que entre su pequeño.
- No olvide poner las barreras de protección antes de irse a la cama.

Cosas que no debemos hacer

- No debemos acudir rápidamente ni asustarnos cada vez que nuestro hijo se cae, ya que con ello solo conseguiremos que deje de confiar en sí mismo, coja miedo o decida que no merece la pena seguir esforzándose. Piense que el esfuerzo que realiza para volver a levantarse le ayuda a fortalecer los músculos y le enseña a conocer su cuerpo y sus limitaciones.
- No lo deje solo mientras lo intenta. Permanezca a su lado y anímele. Ello le infundirá confianza.
- No debemos forzarle nunca. El aprendizaje debe producirse de una manera natural y gradual. Cada niño tiene sus propios tiempos y su propia responsabilidad; solo

si los respetamos conseguiremos que se desarrolle de forma armoniosa.

- No debemos establecer comparaciones negativas entre nuestro hijo y otros niños. Las comparaciones resultan inevitables, pero hemos de evitar preocuparnos inútilmente o dejarnos vencer por un sentimiento de rivalidad absurdo.
- No se sienta culpable si su hijo tarda más en aprender una habilidad como la de andar. No es que usted no haya sabido estimularle adecuadamente, sino que todavía no está fisica y psicológicamente preparado para ello.

8

Mi hijo tiene solo un testículo

Los testículos y los ovarios tienen el mismo origen embrionario y se forman dentro del abdomen. Los ovarios, en las niñas, permanecen dentro de él, mientras que los testículos, en los niños, van descendiendo durante el embarazo hasta situarse fuera, en el escroto. Ello se debe a que los testículos precisan de una temperatura inferior a la que se encuentra dentro del abdomen para poder funcionar correctamente. Así pues, entre la semana 32.ª y la 36.ª de gestación los testículos suelen hallarse en el área inguinal, y en el momento de nacer dentro del saco escrotal.

Alteraciones más frecuentes

1. «Testículo ectópico»: uno o ambos testículos han dejado de descender en algún momento de su evolución y cuando el niño nace se observa su ausencia en el escroto. A veces se trata de un simple retraso y acaba descendiendo espontáneamente, pero otras no. En este caso se habla de «criptorquidia».
2. «Testículo en resorte»: el testículo ausente se localiza por palpación, puede hacerse descender manualmente, pero al soltarlo vuelve a su posición anómala.
3. «Testículo en ascensor»: el testículo se desplaza de un lugar a otro de manera que a veces se encuentra en el escroto y otras veces más arriba.
4. Ausencia de uno de los testículos: no es que no haya descendido, sino que no existe. Si el otro funciona con normalidad y produce suficiente esperma podrá eyacular y procrear sin problemas.

Soluciones en cada caso

1. «Testículo ectópico»: si no desciende de forma espontánea se practica una orquidopexia, un tratamiento quirúrgico que permite hacerlo descender y fijarlo para evitar que vuelva a ascender. Para localizar el punto exacto en el que se ha detenido se realiza primero una ecografía abdominal.
2. «Testículo en resorte»: en la mayoría de los casos se soluciona con una intervención quirúrgica.
3. «Testículo en ascensor»: en la mayoría de los casos el problema se soluciona espontáneamente. Si pasado un tiempo prudencial no se consigue su descenso suele aplicarse un tratamiento médico.

9

Tengo ganas de que mi hija nos reconozca

Pasados los primeros días de vida nuestro hijo empieza a abrir los ojos y a fijar la mirada. Y entonces nos preguntamos si nos reconoce, si distingue nuestra voz, si identifica nuestro olor, si capta todo lo que sentimos por él. Y es que nos hace experimentar tantas cosas. Pues bien, nuestro pequeño oye perfectamente desde el primer momento; de hecho empieza a oír antes de nacer. Por eso es tan importante que le hablemos y tratemos de comunicamos con él tanto durante el embarazo como después.

Pasos en el proceso de reconocimiento

- Desde los primeros días reconoce el timbre de la voz de su madre, y también su olor.
- Entre las dos y las tres semanas empieza a identificar la voz del padre y a comunicarse tanto con él como con la madre.
- A los dos meses se sobresalta al escuchar un ruido inesperado y empieza a vocalizar como respuesta a estímulos agradables.

- Alrededor de los tres meses de edad empieza a reconocer objetos familiares, y los sonidos comienzan a tener su propio significado. Si le decimos algo gira la cabeza buscando de dónde procede el sonido.
- Entre los tres y los seis meses distingue perfectamente entre el tono grave de papá, el tono agudo de mamá y las voces todavía más agudas de los niños. Sus reacciones son más precisas y demuestra placer o disgusto.
- Alrededor de los seis meses sabe perfectamente quién es mamá y comienza a tener claro quién es papá.

Cómo estimular su oído

- Juegue con él a dar palmadas.
- Haga sonar un silbato o golpee un vaso de cristal con una cucharita.
- Mientras está tranquilo en la cuna o cuando lo tenga en brazos háblele y cántele.
- Cuando le hable colóquese a unos 25-30 centímetros de distancia de sus ojos. Si está demasiado lejos o extremadamente cerca su hijo tan solo verá una imagen borrosa.
- Póngale música de fondo.

10

¿Debería llevarlo ya a la guardería?

Actualmente, la mayoría de las madres trabajan fuera de casa por lo que pasados los primeros meses deben buscar una persona o una guardería que se haga cargo de su pequeño. Antes de tomar una decisión es conveniente que analicemos detenidamente todos los pros y los contras, así como las distintas opciones que tenemos. Lo ideal sería que cuando empezara a ir a la guardería ya hubiera empezado a dar sus primeros pasos, dijera algunas palabras, fuera capaz de entender algunos juegos sencillos y conociera sus necesidades básicas. Pero esto no siempre es posible.

Distintas opciones

- Llevarlo a una guardería.
- Contratar un canguro.
- Dejarlo con los abuelos.
- Pedir una excedencia o dejar de trabajar durante un tiempo.

Algunas ventajas e inconvenientes de las guarderías

Las guarderías son una opción más económica que los canguros y muchas veces menos conflictiva que los abuelos. Además, permite al pequeño estar en contacto con otros niños de su edad, desarrollar sus capacidades intelectuales, motrices, sociales y emocionales, y potenciar su creatividad, su interés y su curiosidad por los nuevos descubrimientos.

Entre los principales inconvenientes debemos señalar que los lactantes presentan un déficit inmunitario normal que los hace muy sensibles a las infecciones. Es por esto por lo que adquieren y desarrollan con mucha facilidad infecciones como son los resfriados, las otitis, las gastroenteritis, etc.

Características de la guardería ideal

- Debe estar situada cerca de casa. De este modo evitaremos los largos desplazamientos a primeras horas de la mañana.
- Es importantísimo que tenga unas buenas condiciones de salubridad. La higiene de los juguetes, objetos y suelos, así como de las manos de los niños, es fundamental.
- Es aconsejable que sean pocos niños por clase y de las mismas edades.
- Debe tener un jardín o patio amplio en el que poder pasar largos ratos siempre que el tiempo lo permita.
- El personal debe ser titulado y sentir verdadera vocación. Solo así serán capaces de sustituir a la madre durante su ausencia.
- Deben tener cocina propia y respetar las necesidades alimenticias de cada pequeño.

- Los padres deben poder entrar y salir libremente de la guardería y deben comunicarse diariamente con los educadores.

Algunos consejos prácticos

- Intente que su hijo se adapte progresivamente a la guardería. Los primeros días acompáñelo y quédese con él un buen rato. Déjelo primero un cuarto de hora, luego media hora, luego una hora y así sucesivamente.
- Deje que se lleve su juguete o peluche preferido. Así se sentirá menos abandonado. Si fuera necesario puede dormir varios días con dicho objeto para que se empape con su olor.
- Procure que el inicio de la guardería no coincida con otros cambios, como el destete, el cambio de habitación, etc.
- Sea sincera con él. Explíquele dónde le va a llevar y por qué.
- Comuníquese con los cuidadores y aclare cualquier duda o miedo que tenga.
- Dedique tiempo al desayuno. Evite las prisas y el nerviosismo.
- No alargue la despedida innecesariamente ni le transmita su angustia. Estará bien atendido.

11

A mi hijo aún no le ha salido ningún diente

Los primeros dientes de leche suelen aparecer entre los seis y los ocho meses, pero hay niños que ya nacen con algún diente mientras que a otros no les empiezan a salir hasta cumplir el año. Así pues, la erupción dentaria puede adelantarse o retrasarse sin que ello deba preocuparnos. En la mayoría de los casos se trata de una tendencia heredada de los padres.

Importancia de los dientes de leche

- Permiten al niño morder, comer y masticar hasta los diez años o más.
- Son indispensables para la buena colocación de los futuros dientes.
- Permiten que tanto los huesos maxilares como los músculos que se insertan en ellos se desarrollen bien.
- Hacen posible conseguir una estética correcta y evitan la ausencia futura de alguna pieza.

Orden en el que aparecen

Normalmente, aunque no siempre, el orden de aparición es el siguiente: incisivos centrales inferiores, incisivos centrales superiores, incisivos laterales inferiores y superiores, primeros molares, caninos (colmillos) y segundos molares. En total son veinte piezas de leche o primarias que brotan antes de que el niño cumpla los tres años.

Cuidados básicos para su dentadura

Es fundamental que cuide los dientes de leche de su hijo desde que empiezan a asomar las primeras puntitas blancas; porque su estado influirá en la salud de sus dientes definitivos.

1. Láveselos a diario con una gasa ligeramente humedecida en agua tibia. Cuando sea un poco mayor enséñele a limpiárselos con un cepillo pequeño de cerdas muy suaves. Escoja un dentífrico de sabor agradable y que no sea tóxico, ya que es posible que se lo trague.
2. No permita que se quede dormido con un biberón de leche o de zumo en la boca; los ácidos de estos líquidos acabarían dañándole el esmalte.
3. No unte el chupete con miel, azúcar o leche condensada.
4. Retrase tanto como pueda el día en que empiece a tomar golosinas. Cuanto más tarde en descubrirlas, mejor para sus dientes. Favorecen la aparición de caries.
5. Pregunte a su pediatra si cree conveniente administrarle flúor.

Molestias más comunes durante la dentición

Mucha gente asocia la aparición de los primeros dientes a síntomas como la fiebre alta, las erupciones, las convulsiones, la diarrea y el vomito. La verdad, no obstante, es que la dentición no tiene por qué provocar desórdenes importantes sino tan solo algunas molestias menores como son:

- Babeo: debido a un aumento de la actividad de las glándulas salivares.
- Encías enrojecidas e hinchadas.
- Leve comezón en las encías.
- Dolor al masticar.
- Algunas décimas de fiebre.
- Mayor predisposición a las escoceduras en el culito: debido a que la orina es más ácida por influencia de la saliva.

Posibles remedios

- Los mordedores: los hay de plástico o también rellenos de agua, para poderlos enfriar en la nevera.
- Masajes sobre las encías: meta un dedo en agua fría y páselo por la zona dolorida.
- Dejar que muerda un trozo de alimento duro, como un bastón, un trozo de longaniza o una zanahoria recién sacada de la nevera.
- Cremas o bálsamos: suelen tener buen sabor y es posible que adormezcan ligeramente las encías, pero su efecto real sigue siendo discutible.
- Consolarlo abrazándolo y acariciándolo.

- Darle algún medicamento que lleve paracetamol, como por ejemplo el apiretal.
- Darle la comida templada en vez de caliente: el calor acentúa los dolores bucales.
- Ponerle un babero para evitar que se empape la ropa. Es mucho más práctico cambiarle el babero que toda la ropa.

Primera visita al dentista

Salvo en casos especiales, no es necesario llevarlo al dentista hasta que cumpla los dos años. A esa edad ya tendrá la mayoría de los dientes primarios y puede iniciarse un programa preventivo. De este modo pueden detectarse y corregirse las caries tempranas y los problemas más comunes en el desarrollo de los dientes.

12

¿Cuándo debe pronunciar sus primeras palabras?

Un niño posee los instrumentos necesarios para aprender un lenguaje desde el momento en que nace. Se siente atraído por la voz humana de forma natural e intuye que las palabras no son tan solo sonidos que puede repetir, sino que tienen significados precisos y que sirven, sobre todo, para comunicarse. Es muy importante subrayar que cada niño tiene una cronología de desarrollo propia, y que debe respetarse.

La producción del lenguaje humano requiere de la acción coordinada del paladar, la lengua, los labios, las mandíbulas y las cuerdas vocales. Cada uno de estos órganos es controlado por distintos centros nerviosos del cerebro. La habilidad del niño para producir ruidos primero, sonidos específicos después y palabras propiamente dichas al final, refleja la maduración de estas complejas partes del cuerpo.

Algunas cosas que debemos tener en cuenta

- Debemos dialogar con nuestro hijo: los sonidos emitidos por la madre, y por el padre, no solo constituyen para él un estímulo, sino que además le procuran satisfacción y placer.
- No es conveniente que corrijamos continuamente al niño que está aprendiendo a hablar ya que podríamos descorazonarle.
- No tenemos por qué simplificar excesivamente el lenguaje. Si le hablamos de una forma infantil retrasaremos su ritmo de crecimiento.
- No debemos repetir las palabras que pronuncia incorrectamente, aunque nos hagan mucha gracia.
- Si a los dieciocho meses de edad nuestro hijo no dice ninguna palabra es posible que tenga algún problema auditivo, por lo que deberemos acudir a un especialista.
- Cuando le hable, respóndale. De lo contrario no tendrá constancia de que le estamos prestando atención.

¿Cuándo dicen sus primeras palabras?

La mayoría de los bebés comienzan a arrullarse durante los primeros dos meses de vida. El reír y el gorjear se inician alrededor de los tres o los cuatro meses de edad. Al cumplir los nueve meses la mayoría han comenzado a decir «papá» y «mamá», aunque dichos vocablos todavía no hacen referencia a una persona en particular. La imitación del lenguaje adulto empieza por la misma época. Sobre los doce meses casi todos los niños han comenzado a asociar las palabras «papá» y «mamá» con la persona adecuada, y dicen otras palabras como «agua», «nene», «guaguá», etcétera. A partir de los doce meses su vocabulario aumenta muy rápidamente.

De los sonidos guturales a las primeras sílabas

Este proceso suele tener lugar entre los cero y los seis meses:

- Se expresa llorando cuando necesita algo, aunque conforme pasan los meses cada vez emplea menos el llanto para expresarse.
- Empieza a producir los primeros sonidos guturales.
- Sonríe cuando está de buen humor.
- Presta mucha atención a los sonidos desconocidos.
- Gorjea empleando las primeras vocales.
- Sonríe a la madre.
- Se vuelve si oye hablar.
- Llama la atención dando pequeños chillidos llenos de vocales.
- Ríe, incluso estando solo.

- Modula de varias maneras el tono de la voz.
- Se entrena largo tiempo con las vocales.
- Comienza a formar las primeras sílabas.
- Vocaliza a solas mientras juega o si alguien le habla.
- Se agita si le llaman por su nombre.
- Inventa nuevos sonidos.
- Levanta y baja la voz.
- Expresa de una forma clara tanto el gusto como el disgusto.
- Repite sin parar algunas sílabas.
- Escucha todos los ruidos y procura imitarlos.
- Empieza a combinar sílabas iguales («pa-pa», «ma-ma»).
- Si alguien le llama contesta girando por completo el tronco.

De las primeras sílabas a las primeras palabras

Este proceso suele tener lugar entre los seis y los doce meses:

- Da entonación propia a las sílabas que pronuncia.
- Emplea una sola palabra para definir muchos objetos (*Tutú* puede significar «coche», «tren» o «camión», es decir, cualquier cosa que se desplace sobre cuatro ruedas).
- Cuando le prohíben algo empleando la palabra «no», se detiene y mira en dirección al que le ha hablado.
- Emplea siempre dos sílabas repetidas, pero les da un significado muy preciso.
- Dice «no» con la cabeza.
- Comprende casi todo lo que le dicen, aunque todavía no hable.

- Empieza a emplear de forma habitual tres o cuatro palabras bisilábicas («mamá», «agua», etcétera).
- Transforma el ruido emitido por un objeto en una palabra y la utiliza para designar dicho objeto (*Guaguá* significará «perro»).
- Emplea inflexiones y cadencias dialectales parecidas a las utilizadas por los padres.

13

Llegó el momento de utilizar el orinal

El entrenamiento para ir al baño requiere tiempo, paciencia y sentido común. Lo ideal es hacerlo alrededor de los dos años, ya que antes el niño no es lo suficientemente maduro y podría mostrar miedo o resentimiento hacia los padres. En cualquier caso hay que darle tiempo y no forzarle excesivamente.

Cuál es el mejor momento

Lo ideal es esperar a que el niño esté preparado. Eso significa que debe ser capaz de:

- Caminar libremente por toda la casa.
- Sentarse en el orinal o en el retrete con facilidad (si es necesario ponga un escaloncito).
- Bajarse y subirse los pantalones y la ropa interior.
- Decir palabras como «pipi» y «caca», y entender lo que significan.
- Seguir instrucciones sencillas.
- Vaciar la vejiga completamente.

Asimismo debemos tener en cuenta que no es aconsejable iniciar el entrenamiento:

- Si el niño está a punto de tener un hermanito, si está enfermo o si hemos decidido cambiar de casa.
- Si tiene problemas de estreñimiento, ya que la evacuación suele resultar dolorosa.
- En pleno invierno, ya que si se moja es más fácil que se resfríe.

Método para enseñarle a evacuar

El aprendizaje debe ser una experiencia agradable y positiva.

1. Siéntelo en el orinal o en el retrete. Sonríale y dígale algún elogio.
2. Explíquele lo que quiere que haga. Sea muy gráfico e imaginativo.
3. Deje que su hijo juegue con el orinal, que suba y baje la tapa del váter, que tire de la cadena. También puede pedirle que le ayude a tirar las heces que hay en el pañal al retrete.

4. Déjelo sentado entre cinco y diez minutos. Si evacua, límpielo, felicítelo y déle un abrazo. Después juegue con él un ratito. Nunca debe dejarlo en el baño durante ratos interminables.

5. Si no consigue evacuar, deje que se levante del orinal o se baje del retrete y dígale que no pasa nada, que la próxima vez ya lo hará mejor.

6. Explíquele que debe avisarle cada vez que tenga ganas de ir al lavabo.

Pasos a seguir para enseñarle a hacer pipí

1. Mientras le cambia, muéstrele la diferencia entre un pañal limpio y otro mojado. Dígale que el primero está seco mientras que el segundo está húmedo.

2. Cuando usted vaya al baño, dígaselo: «Mamá va a hacer pipí al baño».

3. Cuando lo vista y desvista, enséñele a bajarse y subirse los pantalones y la ropa interior. De este modo cuando llegue el momento sabrá hacerlo solito.

4. Acompáñelo al lavabo cada hora o cada dos horas y trate de que haga un pipí. A los varones al principio hay que enseñarles a orinar sentados. Cuando empiece a controlar la técnica será el momento de mostrarle cómo hacerlo de pie.

5. Explíquele que debe avisarle cada vez que tenga ganas de hacer pipí.

Accidentes normales

El sistema nervioso de los niños se desarrolla de forma gradual, de modo que es perfectamente natural que nuestro hijo tenga algún que otro «descuido» una vez haya aprendido a orinar solo. De hecho, este tipo de accidentes suelen repetirse de vez en cuando durante los seis meses siguientes a la eliminación del pañal. No debemos olvidar, además, que hasta los seis o siete años siguen siendo emocionalmente inmaduros, por lo que pueden distraerse de la manera más tonta y orinarse encima. Recuerde siempre que no lo hace intencionadamente, así que no lo castigue.

14

Mi hijo ha descubierto sus genitales

A los bebés les encanta explorar el mundo que les rodea, y esto incluye su propio cuerpo. Al principio se fijan sobre todo en sus manos y sus pies, pero a medida que crecen empiezan a descubrir otras zonas, entre ellas los genitales. Para ellos tocarse no es más que un juego inocente de autoexploración, por lo que no debemos ver nada malo en ello.

Qué debemos hacer

- Si no es el mejor momento o nos parece que insiste demasiado, intentaremos distraerle. Ofrézcale uno de sus juguetes preferidos y lo más probable es que se olvide de sus genitales.
- Debemos intentar actuar con naturalidad. A los niños no les traumatiza la desnudez, ni la suya ni la de sus padres. Lo que sí les puede traumatizar es la actitud represiva de sus progenitores: si nosotros nos avergonzamos de nuestro cuerpo y de nuestra sexualidad ellos también se avergonzarán.
- Todos los bebés pasan por una etapa en la que descubren su cuerpo y es normal que intenten compararlo con el de otros niños de su misma edad. Si nuestro hijo juega con otros pequeños a tocarse debemos tratar de no darle excesiva importancia; solo tomaremos cartas en el asunto si alguno de los implicados se siente molesto.
- Si nos hacen preguntas relacionadas con la sexualidad debemos tratar de responder de forma clara y sencilla. Nada de rodeos ni de amenazas. De este modo evitaremos que crezcan con traumas o mal informados.
- Tenemos que llamar a los órganos sexuales por su nombre: «pene», y no «pito», o «vulva» y no «patatita». De lo contrario haremos que parezcan sucias o vergonzosas.
- Cuando se interesen por nuestro cuerpo –los pechos de mamá o el pene de papá– actuaremos con naturalidad y les dejaremos ver lo que les interesa –sin exhibicionismos– para satisfacer su curiosidad. Cuando deje de ser una novedad, se interesarán por algo diferente.
- No debemos prohibirles que se toquen ni decirles que lo que hacen es feo y sucio, como nos decían a nosotros. Lo único que conseguiríamos es que se sintieran culpa-

bles y que acabaran asociando los genitales y la sexualidad con algo malo de lo que hay que avergonzarse.

Cuándo debemos preocuparnos

- Si nuestro hijo se muestra desmesuradamente interesado por el sexo y el nudismo.
- Si ante cualquier tema relacionado con la sexualidad muestra tristeza, preocupación o ansiedad.
- Si exhibe de forma anómala y exagerada sus genitales.
- Si de tanto tocarse tiene los genitales irritados.
- Si se dedica a tocar los genitales de otros niños de forma obsesiva.

Reglas que garantizan una higiene íntima correcta

La higiene íntima cotidiana es muy importante y hay que practicarla desde la más tierna infancia para evitar posibles complicaciones.

1. Si se trata de una niña, empezaremos siempre por la parte delantera para acabar en la trasera; de este modo evitaremos que los gérmenes que pueda haber en la zona del ano lleguen a los genitales y provoquen una infección. Si se trata de un niño, estiraremos suavemente la piel y limpiaremos toda la zona genital con mucho cuidado.
2. Debemos utilizar siempre productos apropiados. Las toallitas limpiadoras garantizan una higiene perfecta y son muy fáciles de utilizar. También podemos emplear un jabón neutro y agua.

3. Para secar la zona después del baño o de limpiarlos utilizaremos una toalla de algodón o de hilo. Bastará con ejercer una suave presión con la mano.

4. Debemos limpiar sus genitales cada vez que les cambiemos el pañal.

5. Si se produce una irritación cutánea a causa de las heces y/o la orina, debemos aplicar una crema protectora. Siempre que sea posible le quitaremos el pañal dejando la zona aireada.

15

Pegar o no pegar

¿Se puede dar un cachete a un niño o hay que evitarlo a toda costa? ¿Puede dejar secuelas en el niño? ¿Es justificable en algún caso?

Todos hemos oído decir frases como «La letra con sangre entra». Y es que hubo un tiempo en que el castigo y el dolor físico se consideraban indispensables para educar a los más pequeños. Afortunadamente, esta forma de pensar ha caído en el olvido y actualmente la gran mayoría de la gente sabe que el castigo corporal no funciona como método educativo. Eso no significa, sin embargo, que debamos permitir que nuestros hijos dicten las normas.

Aspectos negativos del cachete

- Si pegamos a nuestro hijo es posible que nos obedezca, pero no habrá aprendido por qué debe hacer lo que le hemos pedido que haga o por qué no debe hacer lo que le hemos prohibido.
- El niño siente dolor físico pero además se siente humillado porque un adulto más fuerte que él le impone una conducta por la fuerza.
- Al hacerlo le estamos inculcando que se puede pegar a alguien que sea más débil, y es posible que no tarde mucho en hacerlo él mismo.
- Es un recurso que cuanto más se utiliza, menos eficaz es.
- Puede convertirse en un hábito, signo inequívoco de que usted no tiene autoridad sobre él.

El cachete como mal menor

1. Hay circunstancias en las que resulta muy difícil guardar la calma y es posible que se nos escape la mano. Lo importante es no confundir cachete con disciplina, utilizarlo solo como último recurso y saber cómo actuar después. Cuando nos calmemos debemos explicarle la causa de nuestro enfado, disculparnos por haberle dado el cachete si lo consideramos oportuno y decirle que le seguimos queriendo.
2. La curiosidad de los niños no tiene límites y en muchos casos le llevará a correr un serio peligro. A veces dándole un tirón brusco o un golpe en el culo evitaremos una desgracia y conseguiremos que comprendan el peligro.
3. Hay castigos que por ser desproporcionados, por aplicarse en un momento poco oportuno y por la distancia

que interponen entre el niño y el adulto resultan mucho más violentos que un cachete.

4. No debemos olvidar nunca que se trata de darle un toque de atención físico, no de castigarle físicamente porque «ha sido malo».

Alternativa al cachete

En lugar de darle un cachete en el culo, es preferible que lo cojamos a solas un momento y que intentemos explicarle que su comportamiento no es adecuado. Debe entender la diferencia entre el bien y el mal por la vía del diálogo.

16

En casa hablamos dos lenguas distintas

En nuestro país existen varias autonomías en las que coexisten la oficialidad de dos idiomas, por ejemplo, Cataluña, Valencia, Baleares, Euskadi o Galicia, por lo que es muy común encontrar parejas cuyos miembros tienen una lengua materna distinta. A esto hay que añadir las parejas formadas por un español y una persona de otra nacionalidad. En todos estos casos se plantean dudas relacionadas con la lengua y con la adquisición del lenguaje por parte del niño.

Falsas creencias

- Si oye dos lenguas distintas en casa tardará más en empezar a hablar: todos los niños, sea cual sea su país de origen, balbucean lo mismo al principio: «da-da», «ta-ta», «pa-pa», «ma-ma».
- Debemos corregir a nuestro pequeño cada vez que mezcle las dos lenguas: es normal que al principio cometa equivocaciones y utilice ambos idiomas en la misma frase, pero poco a poco irá diferenciándolas y se convertirá en una persona bilingüe.
- Si uno de los progenitores es bilingüe, debe limitarse a utilizar su lengua materna: si realmente es bilingüe, empleará una en ciertas ocasiones y otra en otras. Su pequeño se dará cuenta de ello y aprenderá que también él puede hacer lo mismo.

Cómo debemos hablarle

Lo mejor es que cada progenitor le hable en su lengua materna, entre otras cosas porque le resultará más fácil expresar lo que siente. En cualquier caso, lo importante es que actuemos con naturalidad y que no le forcemos a expresarse en un idioma determinado. Debemos tener presente, no obstante, que lo más probable es que domine antes la lengua que también oye a su alrededor, en el colegio y en la calle.

17

¿Cuándo podré sentarlo en la trona?

Entre los siete y los ocho meses de edad los niños acaban agotando a papá y a mamá. Y es que todavía no andan, por lo que hay que sujetarlos muchas veces en brazos, pero ya no paran quietos y además pesan lo suyo. De hecho hay momentos en los que no sabemos qué hacer con ellos; quizás estamos solos con el pequeño y tenemos que preparar su papilla, o nuestra comida, que también tenemos derecho a comer. En dichas ocasiones las tronas pueden resultar muy cómodas. Y también resultan ideales para darles de comer y para enseñarles a comer solos de su plato. De todos modos, no debemos empezar a utilizarlas hasta que el niño empiece a sostenerse bien en posición sentada.

Normas de seguridad que debe cumplir

En el mercado existen muchos modelos de tronas, todos preciosos y aparentemente seguros. Las características de una trona homologada por la Unión Europea son las siguientes:

- Debe tener las aristas protegidas.
- Tiene que llevar correas para sujetar al niño. De este modo se evita que pueda caer hacia delante.
- Sus patas deben ser estables; de lo contrario, si el niño se mueve podría volcarse.
- Si es un modelo plegable debe constar de un doble sistema de bloqueo, para evitar que se cierre accidentalmente.
- El reposapiés debe ser resistente, sin bordes constantes, pero no debe permitir su uso como plataforma para levantarse.
- No debe llevar ninguna pieza que pueda desprenderse fácilmente.
- El asiento debe estar revestido de una gruesa capa de plástico no tóxico.
- La bandeja debe ser amplia y con los cantos redondeados.

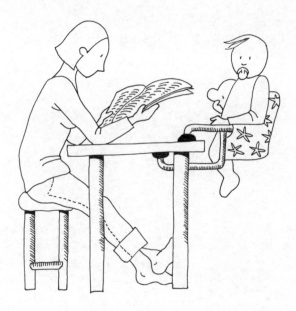

Alternativas a la trona

Actualmente, en el mercado existen toda clase de productos diseñados especialmente para los niños y teniendo en cuenta las más diversas situaciones. Una buena alternativa a la trona son las sillas que se acoplan directamente a la mesa. Son muy prácticas porque nos las podemos llevar a cualquier restaurante, porque ocupan poco espacio y porque permiten que el niño se sienta integrado en la mesa con el resto de la familia.

II. El suplicio de la comida

18

Mi bebé ha vomitado

El vómito es uno de los motivos que más inquietan a los padres. De todos modos, no debemos confundir el vómito con una simple regurgitación, ya que esta última no es más que un trastorno pasajero sin ninguna importancia; el primero, en cambio, puede ser síntoma de algún problema más serio.

Algunas precauciones para evitar las regurgitaciones

- No mover al niño demasiado apenas ha terminado de comer.
- No acostar al pequeño inmediatamente después de la tetada o de tomarse el biberón.
- Sustituir la leche de fórmula habitual por otras más espesas.
- No utilizar almohada y acostar al niño con la cabeza girada hacia un lado.

Qué es la regurgitación

La regurgitación consiste en la expulsión no violenta de una pequeña cantidad de leche. A veces desprende un olor desagradable porque la leche ha sido parcialmente digerida por los jugos gástricos. Si el niño aumenta de peso y no presenta otros síntomas –malestar general, inapetencia–, la regurgitación debe considerarse un trastorno normal que puede repetirse durante los primeros meses de vida de nuestro pequeño.

El reflujo gastroesofágico

Si la regurgitación es muy abundante y recurrente podría tratarse de un trastorno conocido con el nombre de reflujo gastroesofágico, por lo que deberemos informar a nuestro pediatra. Se trata de un problema causado por un funcionamiento defectuoso del cardias, la válvula que comunica el esófago con el estómago. Si su desarrollo es inmaduro no se cierra del todo y hace que la comida, una vez ha llegado al estómago, vuelva nuevamente al esófago para ser expulsada por medio de la regurgitación. Normalmente va acompañada de otros síntomas, como son crisis de llanto, episodios de vómito e incluso ahogo. Además, el niño no crece como es debido.

Qué es el vómito

El vómito es la expulsión violenta del contenido del estómago por la boca y, a veces, también por la nariz.

Las causas que provocan el vómito pueden ser numerosas y de naturaleza muy distinta: una enfermedad vírica, el reflujo gastroesofágico, la estenosis pilórica, una gripe, una bronquitis o una amigdalitis. Si el niño come y crece normalmente, un episodio de vómito ocasional raras veces es síntoma de enfermedad. Si por el contrario es repetitivo y no se soluciona por sí solo, deberemos acudir al pediatra. Si acabamos de amamantar o de dar el biberón a nuestro hijo y vomita, es mejor que lo dejemos descansar y que esperemos hasta la siguiente toma para darle más alimento. Si se queja antes de hora podemos avanzarle la siguiente toma, pero tranquila, que no se morirá de hambre.

Información que debemos proporcionar al pediatra

- Momento u hora del día en que vomita.
- Si vomita antes o después de las comidas.
- Si el vómito se repite varias veces a lo largo del día.
- Si el vómito es abundante.
- Si el vómito contiene residuos alimenticios.
- Si el vómito contiene restos de sangre.
- Si el vómito va acompañado por fiebre o diarrea.

La estenosis pilórica

El píloro es un músculo en forma de anillo que separa el estómago de la primera asa intestinal, es decir, del duodeno. Cuando el estómago ha terminado su trabajo digestivo, este músculo se abre permitiendo que el contenido gástrico descienda. Algunas veces, sin embargo, este anillo se estrecha impidiendo que la leche baje hacia el intestino. Este trastorno se denomina estenosis pilórica y se produce durante las primeras semanas de vida del pequeño. Los principales síntomas de esta dolencia son el vómito después de las comidas, la disminución gradual de peso, el estreñimiento y la deshidratación. Para solucionar este problema es necesario recurrir a una intervención quirúrgica.

19

¿Es necesario que beba agua?

El agua desempeña un papel muy importante en el organismo humano, especialmente en el de los niños cuyo cuerpo está compuesto en un ochenta por ciento por este líquido. Ello no significa, sin embargo, que debamos suministrar agua a los recién nacidos. Si le damos el pecho, nuestra leche satisfará todas sus necesidades, puesto que su principal componente es precisamente el agua. Si por el contrario hemos optado por el biberón, la usaremos tan solo para disolver la fórmula en polvo escogida. De todas maneras si llora y no conseguimos calmarlo podemos ofrecerle un poco de agua. Si realmente tiene sed, beberá; si no, simplemente la rechazará.

Cantidad de agua que necesitan los lactantes

Edad	Peso medio en kilos	Necesidad durante 24 h expresada en ml
3 días	3	250-300
10 días	3,2	400-500
3 meses	5,4	750-850
6 meses	7,3	950-1100
9 meses	8,6	1100-1250
1 año	9,5	1250-1300

El agua no alimenta pero es fundamental

El agua no se considera un alimento propiamente dicho porque no contiene calorías, pero desempeña un papel importantísimo:

● Es fundamental para la digestión, la absorción y la eliminación de los productos de desecho.
● Es el medio a través del cual se desarrollan todas las reacciones químicas en nuestro organismo.
● Lubrifica algunos órganos, como los ojos, los pulmones, etcétera.

- Contribuye a mantener la temperatura corporal.
- Sirve de almohadilla protectora para el cerebro y para la médula espinal.

Algunos consejos

- Durante los tres primeros meses utilice la misma clase de agua.
- No le añada nunca ni azúcar ni sacarina.
- Si tiene alguna duda acerca del agua que utiliza, hiérvala entre 10 y 15 minutos. Ya sabe lo que dicen, más vale prevenir que curar, sobre todo cuando prevenir es tan fácil.
- En verano, cuando el calor apriete, aumente las precauciones.
- Deje correr el agua del grifo durante algunos minutos. De este modo eliminará las posibles sustancias estancadas en los conductos, como por ejemplo el plomo.
- No utilice nunca agua caliente procedente del calentador del baño ya que, al estar estancada en los conductos y erosionarlos, podría estar contaminada.
- Si tiene miedo de que su hijo no beba lo suficiente, haga un recuento del número de pañales que moja durante un día. Si son más de cinco o seis, ¡no se preocupe! No olvide, además, que la mayoría de los alimentos contienen agua.
- Si su hijo se niega a beber, sobre todo no lo fuerce.
- No reprima nunca a un niño que quiere beber. No corre ningún riesgo por beber mucho, sino todo lo contrario; ello quiere decir que lo necesita.

El agua del grifo

Casi todos los abastecimientos municipales de agua son seguros y garantizan la eliminación completa de bacterias. Así pues, si el agua de su casa proviene del abastecimiento de agua de la ciudad puede dársela a su hijo sin tomar ninguna precaución especial. También puede utilizar el agua de una fuente que fluya libremente si se la da a su pequeño de inmediato. Si por el contrario el agua proviene de un pozo propio o fuente, o si sabe que el agua permanecerá en la botella algún tiempo antes de que el bebé la beba –cuando vamos de paseo o salimos de viaje–, es preferible que la hierva y la coloque en un recipiente esterilizado. Estas precauciones debemos tomarlas hasta que nuestro hijo tenga entre tres y seis meses.

El agua embotellada

También podemos utilizar el agua mineral sin gas, es decir, agua pura en su origen que brota de un manantial y que se embotella y vende sin ser sometida a ningún tipo de tratamiento. Es preferible escoger aguas de mineralización débil debido a que su baja concentración de minerales no sobrecarga los riñones del pequeño.

20

¿Cuándo debe tomar su primera papilla?

Hace veinte años la consigna era destetar muy pronto, cuanto antes mejor, ya que los pediatras y expertos en nutrición consideraban que a partir de los tres meses el niño ya estaba en condiciones de tomar sus primeras papillas, así como leche con galletas. Actualmente, no obstante, se procede con mayor cautela, y no se empieza a hablar de destete hasta el cuarto o el quinto mes de vida, momento en que el organismo del pequeño empieza a estar suficiente maduro como para aceptar los distintos alimentos evitándose alergias e intolerancias alimenticias. De todos modos, no existe unanimidad, y cada pediatra sigue sus propias directrices.

Cómo debemos proceder

La introducción será siempre gradual, es decir, primero añadiremos una cucharada de cereales a la leche, luego dos y así sucesivamente hasta conseguir una papilla espesa. Empezaremos siempre con las papillas sin gluten, más fáciles de digerir, para luego pasar a las restantes (multicereales, cereales con miel, etcétera). Si estamos amamantando a nuestro hijo, al principio combinaremos la papilla y el pecho. Poco a poco iremos disminuyendo los minutos que lo amamantamos e iremos aumentando la cantidad de papilla.

Reglas por las que nos podemos guiar

- Por regla general los pediatras recomiendan empezar a introducir los alimentos sólidos a los cuatro meses de edad en los niños que toman leche de fórmula y a los seis si son alimentados con leche materna.
- Si su bebé toma más de 900 mililitros (o 32 onzas) de fórmula o de leche materna al día es posible que necesite un refuerzo, por lo que seria una buena idea introducir los primeros alimentos sólidos.
- Si su hijo duplica su peso al nacer antes de los cuatro o los seis meses de edad también puede necesitar un refuerzo en su dieta.
- Si mientras comemos nuestro hijo coge los alimentos que tenemos en el plato y los prueba es que ya está preparado para ingerir los primeros sólidos.

Falsos tópicos

- No es verdad que añadiendo cereal a la dieta del niño se le ayude a dormir toda la noche.
- Los niños que sufren de cólicos no tienen por qué mejorar con la introducción de las primeras papillas sólidas.

- No es aconsejable que un niño tome solo pecho durante el primer año de vida ya que privaríamos al niño de
los nutrientes necesarios para su crecimiento.

La introducción de la cuchara

Las primeras papillas podemos dárselas con cuchara o
con el biberón.

- Para darle las primeras papillas escogeremos una cucharita pequeña. De este modo nuestro hijo podrá «chu-

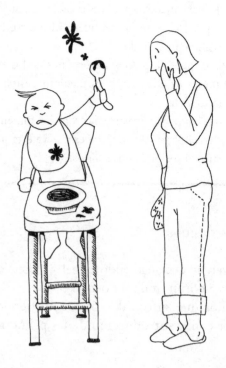

par» la comida e irse acostumbrando a este nuevo instrumento poco a poco.

- Dejaremos que juegue con ella, que se la lleve a la boca, que la estudie a su manera.
- Si hace falta, déle una a él y coja otra usted. Así podrá darle la papilla mientras él investiga.

21

Mi hija tiene muchos gases

Durante los primeros meses de vida los bebés suelen tragar una gran cantidad de aire. La verdad es que los gases por sí mismos no suelen ser indicativos de ningún problema, pero provocan hipo y algún que otro dolor de barriga, trastornos que a pesar de ser perfectamente normales preocupan a toda la familia. No hay mucho que podamos hacer, tan solo intentar que nuestro hijo no trague más aire del indispensable. Para ello debemos asegurarnos de que introducimos todo el pezón en su boca al amamantarlo –esto incluye la aureola–, y de que al darle algún líquido en biberón la tetina está siempre llena.

A qué se deben los gases

- Al aire tragado al ingerir el alimento.
- Al aire que traga si llora mucho.
- A la fermentación en el intestino de alimentos no digeridos. Suele ser consecuencia de una infección aguda y es un problema temporal.

Claves para eliminarlos

- Haga que su bebé eructe a menudo mientras come y al final de la toma. Si se queda dormido comiendo, póngalo erguido sobre su hombro y golpéele suavemente la espalda.
- Déle de comer en posición erguida.
- Después de comer acuéstelo sobre su estómago; si lo acuesta sobre la espalda, el aire puede quedar atrapado en el estómago.
- Asegúrese de que el biberón y la tetina funcionan correctamente: al invertirlo deben caer tan solo unas gotas. Si no cae nada o cae un chorro, su bebé tragará aire.

El hipo

El hipo es muy común entre los lactantes, ya que estos tragan una gran cantidad de aire y se sienten incómodos si no lo expulsan. Se produce por la contracción espasmódica del diafragma –el músculo situado entre la base del tórax y el abdomen–, y suele asociarse con esfuerzos como la succión o el llanto.

Cómo podemos hacer que cese

- Dándole un poco más de biberón o poniéndolo otro poquito al pecho.
- Administrándole una infusión de manzanilla.
- Tapándole la nariz hasta que arranque a llorar (no todos los padres resisten este método).

22

¿Es imprescindible que eructe después de cada comida?

El propósito de hacer eructar al bebé después de cada comida es ayudarlo a liberar el aire que se ha tragado junto con la comida, tanto si lo amamantamos como si hemos optado por darle leche artificial. La cantidad de aire que traga el niño, sin embargo, varía mucho de una toma a otra: a veces tendrá que expulsar muy pocos gases, mientras que otras veces la cantidad será considerable. Así pues, no debemos extrañarnos si hay días en que no eructa y en cambio hay otros en que lo hace varias veces. Lo mejor es que esperemos un rato prudencial e intentemos ayudarle a echar los gases, pero si no lo hace le dejaremos tranquilo y no nos preocuparemos.

Qué podemos hacer para que le resulte más fácil eructar

- Cuando le dé de comer, colóquelo en posición erguida, es decir, con la cabeza más alta que el estómago. De este modo el aire no se mezclará con la leche en el estómago, se elevará más fácilmente y encontrará el camino de salida.
- Intente que mame o que se tome el biberón poco a poco. Cuando haya comido medio biberón, déjele descansar e incorpórelo un poco. Al cabo de un rato, haya eructado o no, continúe dándole de comer.
- Asegúrese de que la tetina está siempre llena de líquido o, en el caso de que lo amamante, que coloca todo el pezón –incluida la aureola– dentro de su boca.
- No haga caso de ningún remedio casero. Antes de darle ningún medicamento o sustancia, consulte con su pediatra.

Posiciones que facilitan el eructo

- Si a nuestro hijo le cuesta eructar, probaremos distintas posiciones hasta encontrar la que le va mejor.
- Poniéndolo erguido sobre nuestro hombro y golpeándole suavemente la espalda.
- Sentado sobre nuestras piernas, en posición semiincorporada.
- Boca abajo sobre nuestras rodillas.
- En brazos, apoyando su barriga contra nuestro pecho.
- Boca abajo en su camita, con la cabeza ladeada, sobretodo si también sufre de regurgitaciones.

23

Mi hijo no sabe beber del vaso

Todos los padres nos sentimos orgullosos cuando nuestro hijo domina una nueva habilidad o realiza una nueva hazaña, y por tanto tratamos de enseñarle algo nuevo cada día. Por ejemplo, a beber en vaso, en vez de en el biberón. Es un cambio importante, ya que implica control de las manos, apreciación de las distancias y sentido del equilibrio. La mayoría de los padres enseñan a sus hijos a beber en taza alrededor de los siete meses, pero el mejor momento dependerá en gran medida de cada niño.

Algunas cosas a tener en cuenta

- Es aconsejable que el niño sea capaz de mantenerse sentado, ya sea en una trona o en una sillita de las que se acoplan a la mesa.
- Podemos escoger entre las tazas con asas y boquilla, que permiten adaptarse gradualmente al nuevo utensilio, o las tazas y vasos normales.
- Escoja siempre modelos de plástico ya que es muy probable que acaben por el suelo más de una vez.
- Si se niega, pruebe con alguna bebida nueva. Así no podrá asociarla con el biberón.

Algunos consejos para que aprenda a comer solo

- Déle los cubiertos adecuados, es decir, de plástico, pequeños y fáciles de manejar.
- Siéntele en una trona o en una silla que le permita estar a la altura correcta respecto a la mesa.
- No le llene el plato hasta arriba. Si está demasiado lleno es posible que se le quite el hambre; además es más fácil que se vuelque y la papilla acabe derramada por la mesa.
- Los primeros días déle de comer usted hasta que se tranquilice. Cuando queden solo unas cucharadas, deje que siga él.
- Respete su ritmo. Si tarda, no le riña. Intercale las cucharadas que él coge con otras que le dé usted.
- Sírvale la comida en platos hondos; así podrá ayudarse con los bordes para llenar la cuchara.
- No le premie por acabarse la comida. Debe comer por gusto, no condicionado por incentivos.
- Comer solo es una de las primeras afirmaciones de autonomía que manifiestan los bebés. Si queremos que aprendan a hacer las cosas por sí mismos debemos darles apoyo físico y afectivo.

24

¿Cómo deben ser las evacuaciones de mi hijo?

La frecuencia y el color de las deposiciones de nuestro pequeño suelen ser un tema de consulta frecuente a los pediatras. A menudo toda la familia está pendiente de ello, pero la verdad es que no hay que darle tanta importancia ya que la mayoría de los niños evacuan correctamente.

Color y textura de las deposiciones

Los primeros días después del nacimiento las deposiciones suelen ser de color negro y se denominan meconio. Después se vuelven más verdosas o amarillentas. A medida que el niño crece y empieza a incorporar nuevos alimentos a su dieta, las evacuaciones toman una consistencia más parecida a la de los adultos. A veces pueden aparecer mezcladas con un poco de mucosidad sin que ello represente ningún problema.

Diferencias entre los niños que maman y los que toman biberón

1. Las deposiciones de los niños que toman el pecho:

   - son más frecuentes,
   - son menos consistentes y
   - presentan una tonalidad más amarillenta.

2. Las deposiciones de los niños alimentados con leche artificial:

   - presentan una tonalidad más parecida al café,
   - son más firmes,
   - tienen un olor más fecal y
   - son menos frecuentes.

Frecuencia con que deben evacuar

El ritmo de las evacuaciones puede variar mucho de un niño a otro. De hecho suele oscilar entre una vez cada dos días y una después de cada toma. La mayoría de los niños pasan de hacer varias deposiciones al día durante las 2-3 primeras semanas a hacer una al día o cada dos días a partir de los 20-30 días de vida.

25

¿Es malo dejar que chupe el biberón él solo?

En el mercado existen unos aparatos denominados sujetabiberones que se acoplan a la cuna o a la sillita y permiten que el niño coma solo, sin la ayuda del padre o la madre. Es cierto que dichos artilugios nos permiten hacer otra cosa mientras nuestro pequeño se alimenta, algo muy tentador cuando estamos muy ocupados y vamos justos de tiempo, pero no debemos convertir su utilización en un hábito.

Síndrome del biberón del lactante

El síndrome del biberón del lactante es un trastorno que suelen sufrir los bebés que siguen utilizando el biberón después del periodo normal de lactancia y consiste en la aparición de caries en los dientes. Es por eso por lo que no se aconseja dar al niño de cierta edad un biberón antes de hacer la siesta o de meterse en la cama para dormir. Y es que tanto la leche como los zumos contienen un carbohidrato fermentable que activan las bacterias de la cavidad oral al quedar el líquido estancado, produciendo unos ácidos capaces de disolver el esmalte de los dientes, es decir, de provocar caries.

Razones que desaconsejan su uso

- Al niño le encanta que le cojan en brazos, ya que ello le proporciona tanto bienestar físico como emocional, pero con el sujetabiberones está condenado a comer solo en su sillita o en la cuna.
- La persona que lo cuida tampoco disfruta de sentir al bebé entre sus brazos.
- El niño que ingiere el biberón solo suele tragar mucho más aire, hecho que puede traducirse en malestar abdominal.
- El bebé podría inhalar leche en la laringe, hecho que podría provocar sofocación e incluso derivar en una neumonía.
- La leche podría irse hacia la trompa de Eustaquio del pequeño provocándole problemas de oído.
- En los niños más mayorcitos el goteo lento de los biberones podría causarles caries severas en los dientes.

La eliminación del biberón

Para decidir cuál es el mejor momento para prescindir del biberón y pasar a utilizar solo la taza o vaso deberemos tener en cuenta el desarrollo neurológico del niño, así como una serie de factores emocionales y nutricionales.

26

¿Cuándo y cómo debo dejar de darle el pecho?

No existe ninguna razón para destetar a nuestro hijo antes de los seis meses, ya que durante este período tanto la leche materna como las leches artificiales son un alimento suficiente y completo para él. Cuando llegue el momento, no obstante, debemos tener presente que el destete es siempre un momento delicado tanto para la madre como para el bebé, por lo que vale la pena hacerlo bien.

Cómo debemos proceder

Lo ideal es hacer el destete de forma progresiva. De este modo evitaremos que la madre experimente dolores en el pecho a causa de la leche y que el niño sufra emocionalmente o tenga problemas digestivos. Si el pequeño sigue aceptando el pecho, podemos seguir con una alimentación mixta –pecho y biberón– durante algún tiempo.

Razones para abandonar la lactancia

- Debemos reincorporarnos al trabajo.
- Contraemos una enfermedad o infección.
- No producimos suficiente leche.
- Nuestro hijo se queda con hambre.
- Nos sentimos incómodas dándole el pecho.
- Realizamos una alimentación mixta y un buen día el niño se niega a seguir mamando.

Qué ocurre si debemos destetarlo bruscamente

Aunque lo aconsejable es destetar al niño paulatinamente, a veces se presentan situaciones que obligan a la madre a destetar a su hijo bruscamente. En dichos casos debemos tener presente lo siguiente:

- Conviene que el médico recete un medicamento a la madre para detener la producción de leche. Para aliviar el dolor se puede recurrir a la aplicación de compresas calientes o al vendaje del pecho, que evitará que suba la leche.
- Si le duele el pecho porque sigue teniendo leche, puede sacársela con un sacaleches –poca cantidad y solo de vez en cuando, porque la extracción favorece la producción–. De todos modos, debe avisar de inmediato a su ginecólogo, para que le haga una ecografía mamaria. Si quedara leche, le practicarán una punción para extraerla.

Pasos del destete progresivo

1. La primera semana se sustituye una de las tetadas por un biberón o papilla. Si su hijo no lo acepta, combine el biberón y el pecho, y día a día vaya aumentando la cantidad de leche artificial y disminuyendo el rato que lo pone al pecho.
2. La segunda semana se sustituye otra de las tetadas.
3. La tercera semana se hace lo propio. Podemos mantener la tetada de la mañana y de la noche durante varios meses. A medida que transcurran las semanas se irán convirtiendo en un postre, es decir, en algo que toman después del biberón o la papilla correspondiente.
4. Para eliminar la última tetada existen dos posibles métodos. O bien combinaremos el biberón y el pecho e iremos aumentando gradualmente la cantidad de leche artificial y disminuyendo el rato que lo ponemos al pecho. O bien le daremos el pecho un día sí y otro no durante una semana, un día sí y dos días no la siguiente, y así sucesivamente.

Algunos trucos para que acepte el biberón

- Si lo tenemos, podemos darle las primeras tomas con el mismo biberón que utilizamos para darle agua. Así no rechazará la tetina.
- Para asegurarnos de que tiene hambre de verdad podemos retrasarle un poco la hora de la toma.
- Debemos procurar que el destete no coincida con ningún otro cambio (canguro nuevo, inicio de la guardería, nacimiento de un hermanito, etcétera).

- Mientras le damos el biberón, podemos hablarle y acariciarle. Así reforzaremos nuestra presencia y le tranquilizaremos.
- No tenga prisa. Deje que se tome su tiempo. Y no desespere si el primer día se niega a tomarlo. Piense que siempre queda el recurso de empezar a introducir alimentos más sólidos y dárselos con la cuchara.

27

No sé cómo introducir los distintos alimentos

Lo primero que debemos apuntar es que no existe unanimidad acerca del momento y el orden en el que deben introducirse los distintos alimentos, es decir, las verduras, la fruta, la carne, el pescado y los huevos. Lo que sí está claro es que llega un momento en que la leche ya no proporciona al pequeño todas las calorías que su cuerpo precisa. Es entonces cuando hay que empezar a introducir pequeñas cantidades de alimento sólido que le aporten las calorías extras.

En la mayoría de los casos, no obstante, las primeras comidas sólidas suelen darse más por razones de educación que de nutrición, ya que con ellas no se pretende cambiar la dieta o sustituirla, sino introducir al pequeño en un nuevo

mundo de sabores y texturas. Por esta razón no debemos forzarle nunca; ni tampoco preocuparnos en exceso si no ingiere grandes cantidades. La leche sigue siendo la base de su alimentación.

La introducción de los distintos alimentos

Así pues, actualmente existen varios métodos para introducir los distintos alimentos sólidos, por lo que la tabla que
encontrará a continuación pretende ser tan solo una guía
orientativa. Antes de añadir cualquier alimento a la dieta de
su hijo, consúltelo con su pediatra.

HASTA LOS SEIS MESES:
- Leche materna o de fórmula (leche de inicio), y cereales
  sin gluten si fuera necesario.

A PARTIR DE LOS SEIS MESES:
- Leche de continuación, cereales sin gluten, verduras,
  arroz, aceite de oliva, pollo sin piel, frutas.

A PARTIR DE LOS SIETE MESES:
- Cereales con gluten, ternera, pan.

A PARTIR DE LOS OCHO MESES:
- Galletas, pescado blanco sin sal (merluza, rape, lengua-
  do), sémola.

A PARTIR DE LOS NUEVE MESES:
- Yema de huevo cocida, yogur natural, queso fresco o re-
  quesón.

A PARTIR DE LOS DIEZ MESES:
- Pasta (fideos, tapioca, arroz, maicena).

A PARTIR DE LOS ONCE MESES:
- Legumbres (lentejas, judías, garbanzos).

A PARTIR DE LOS DOCE MESES:
- Jamón de york, tortilla.

Procedamos poco a poco

El cambio de la alimentación exclusivamente líquida a la semisólida y variada no puede hacerse de la noche a la mañana. Los nuevos sabores deberán introducirse uno a uno y con un margen de tiempo razonable para que el pequeño pueda acostumbrarse. Hay que empezar siempre con pequeñas cantidades –una o dos cúcharaditas– e ir incrementándolas de forma paulatina, siempre que a nuestro hijo le agrade. No debemos olvidar nunca que la hora de la comida debe ser un momento agradable. Hay que observar, asimismo, si el pequeño manifiesta alguna reacción alérgica o algún síntoma de intolerancia.

Algunos apuntes para no desesperar

- No haga caso de las caras que ponga, ya que no significan necesariamente que no le gusta lo que le ofrecemos.
- No desespere si el primer día, o el segundo, parece rechazarlo. Déle y dése tiempo.
- Es perfectamente normal que al principio tan solo acepte unas pocas cucharadas y luego quiera tomar el pecho

o su alimento habitual. Deje que pasen una, dos o tres semanas y será él quien pida más.

- Los niños precisan muy poco alimento para seguir desarrollándose, de modo que no desespere si le parece que come como un pajarito. Por regla general ellos saben autorregularse solos.

No olvide que...

- Cuando el niño empieza a tomar alimentos sólidos ya no es necesario esterilizar los platos, vasos y cubiertos. Bastará con lavarlos y enjuagarlos con mucho cuidado, y dejarlos escurrir después.
- No es aconsejable utilizar un trapo para secar los platos ya que si está húmedo y no muy limpio se convierte en un magnífico receptáculo de gérmenes.
- Debemos comprobar siempre la temperatura de los alimentos antes de dárselos al pequeño; si los hemos recalentado en el microondas debemos removerlos bien y tener mucho cuidado ya que podrían estar tibios por fuera y quemar por dentro.
- Los alimentos cocinados deben conservarse siempre en el frigorífico y consumirse en poco tiempo.

28

¿Cómo se prepara un biberón?

En la actualidad sabemos que podemos confiar plenamente en las leches de fórmula, porque tienen una composición muy parecida a la de la leche materna. Proceden de la leche de vaca, pero están específicamente adaptadas al consumo infantil, es decir, tienen pocos minerales –que en exceso podrían fatigar los riñones del niño– y proteínas, mientras que presentan una mayor cantidad de hierro, de determinadas grasas indispensables y de azúcares.

¿Cómo deben ser los biberones?

- Resistentes al calor.
- Irrompibles.
- Sin cantos.
- Con la boca amplia, para poder limpiarlos con facilidad.

Diferencias entre los biberones de cristal y los de policarbonato

- Los de cristal no absorben ni los olores, ni los sabores, ni los colores de los alimentos. Los de policarbonato o plástico irrompible, por el contrario, pueden absorber los colores de algunos alimentos, adquiriendo un tono amarillento u opaco.
- En el caso de los de cristal no existe el peligro de que alguna sustancia de las que está compuesto pase a los alimentos.
- Ambos son termorresistentes, es decir, pueden resistir cambios bruscos de temperatura.
- Ambos pueden ser esterilizados tanto en caliente como en frío.
- El de policarbonato es más ligero que el de cristal, de modo que al niño le resulta más fácil sostenerlo con sus manos.
- Los de policarbonato no se rompen ni se astillan al caer al suelo (algo que suele ocurrir con frecuencia).

La preparación del biberón

1. Antes que nada debemos lavarnos las manos concienzudamente.
2. Luego hay que calentar el agua. Si es del grifo hay que hervirla previamente; si es embotellada bastará con calentarla un poco (escoja siempre una marca con un bajo contenido de sales minerales). Podemos hacerlo en el fuego tradicional o utilizar un calientabiberones eléctrico.
3. A continuación vertemos el agua en el biberón, que previamente habremos esterilizado.

4. Después se añade la leche en polvo y se agita bien para que quede bien mezclado. La mayor parte de las leches de fórmula siguen la siguiente proporción: una medida de leche en polvo por cada 30 cc. No debemos añadir de más ni de menos.

5. Antes de dársela al bebé comprobaremos que no esté demasiado caliente. Para ello derramaremos unas gotas sobre el dorso de nuestra mano.

6. Tire siempre la leche que deje su hijo en el biberón.

La leche adaptada líquida

En el mercado, además de las leches en polvo, existen leches líquidas ya preparadas y especialmente adaptadas. Puede tomar leche en polvo o líquida indistintamente.

Ventajas de la leche líquida

- Su composición siempre se mantiene estable.
- Los padres o la persona que se encargue de preparar el biberón no pueden equivocarse al prepararla y añadir más o menos leche en polvo de la necesaria.
- Siempre está preparada para ser utilizada de forma inmediata.
- Desde el punto de vista nutritivo, es igual o mejor que la leche en polvo.

Inconvenientes de la leche líquida

- Es un poco más cara que la leche en polvo.
- Una vez abierta debe conservarse en el frigorífico y utilizarse antes de 24 horas.

29

¿Qué tetina es la más aconsejable?

La elección de la tetina para los biberones de nuestro hijo no es siempre una tarea fácil. En el mercado existe una gran variedad de ellas, y pueden diferir bastante la una de la otra. Así pues, es probable que tengamos que probar más de un tipo antes de encontrar la que realmente gusta o se adapta a nuestro pequeño.

Los distintos materiales

El caucho: Es una goma natural que se obtiene del látex de la corteza de algunos árboles. Es resistente, blando, elástico y de color amarillo ambarino transparente. La estructura molecular del caucho es hidroscópica, lo cual significa que absorbe el agua. Con el uso el caucho suele engrosar, tornarse opaco y retener los olores; además, su aspecto se vuelve pegajoso. Cuando esto ocurre debemos cambiar la tetina por otra nueva.

La silicona: Es un producto de síntesis química. Es de color blanco transparente, no tóxico y muy blando. No absorbe el agua, ni los olores, ni los sabores. Su forma no se altera con el tiempo, aunque puede adoptar el color de los alimentos con los que contacta. Si se corta, puede rasgarse. Por este motivo son poco indicadas una vez el niño tiene dientes.

Tres formas diferentes

- **Tetinas en forma de cereza o redondeadas:** son las más clásicas, es decir, las que presentan la mayoría de marcas.
- **Tetinas anatómicas:** imitan la forma del pezón materno.
- **Tetinas gota:** especialmente estudiadas para adaptarse al paladar del bebé.

El agujero de la tetina

- **Tetinas con un solo agujero:** por este la leche sale poco a poco.
- **Tetinas con tres agujeros:** por ellos la leche cae con más abundancia.
- **Tetinas con un agujero grande:** específicamente pensadas para suministrar las primeras papillas o la leche con galletas.
- **Tetinas con un agujero en forma de estrella o cruz:** permiten el paso de las papillas más espesas.

Tetinas específicas

- **Tetinas con orificios en la parte superior:** permiten la entrada de aire y por tanto impiden que el flujo se detenga. Perfecta para los niños glotones, que pueden chupar sin interrupciones.

- **Tetinas con rosca reguladora:** para poder obtener el flujo que se desee.
- **Tetinas antihipo:** contribuyen a que el niño trague menos aire durante la tetada.
- **Tetinas anticólico:** específicas para niños que sufren de cólicos.

Algunos consejos prácticos

- No compre un arsenal de biberones y tetinas antes de que nazca su hijo. Espere a que pueda probarlas él mismo y escoger la que más le guste.
- Cómprelas siempre de una en una. Es posible que la rechace y que nos veamos obligados a comprar otro modelo distinto.
- Cuando compre una tetina nueva, en vez de esterilizarla hirviéndola en agua, hágalo en leche. A su bebé le encantará.
- Los agujeros pueden hacerse más grandes con un imperdible, con una cuchilla de afeitar o con unas tijeras previamente calentadas; luego esterilice la tetina.

Comprobación para saber si funciona correctamente

- Al invertir el biberón deben caer unas gotitas y luego el flujo debe cesar. Si no cae nada o cae demasiado debemos desecharla.
- Cuando el niño se lo esté tomando debe burbujear.

30

¿A qué hora debe comer?

Uno de los temas que más preocupa a todas las madres es la alimentación de sus hijos, sobre todo durante los primeros meses. En el hospital nos dicen que hay que coger al bebé cada tres o cuatro horas y ponerlo al pecho o darle un biberón, algo teóricamente muy sencillo. Pero pasados los primeros días, cuando ya estamos solas en casa sin el asesoramiento y apoyo de puericultores y pediatras, nuestro hijo cambia de conducta y deja de seguir este esquema. Es posible que se despierte antes de la toma y se ponga a llorar; o que sea tan dormilón que no se despierte ni cuando teóricamente le toca comer. Y es que cada recién nacido muestra sus propias preferencias con respecto a la frecuencia y regularidad de las comidas.

Horarios sí, horarios no

Si optamos por la alimentación al pecho es muy probable que nuestro hijo nos pida comida con bastante frecuencia, al menos durante una parte del día. Lo mejor es que le demos de comer sin hacer caso de horarios preestablecidos, sobre todo las primeras semanas, ya que es así como se estimula la producción de la leche materna. Pasados unos días, y a medida que vayamos cogiendo confianza, podremos intentar seguir un horario más o menos prefijado. No debemos olvidar, sin embargo, que debe adaptarse al ritmo del bebé y que lo más probable es que tengamos que modificarlo ligeramente de un día a otro.

En el caso de la lactancia artificial, los niños suelen adaptarse a una pauta que oscila entre cada tres horas (6-9-12-15-18-21-24) y cada cuatro horas (8-12-16-20-24). Eso no significa, sin embargo, que no puedan saltarse una toma o mostrar igualmente ciertas variaciones de un día a otro.

Las tomas nocturnas

Hay niños que duermen cinco o seis horas seguidas desde el primer día, y otros que se despiertan cada dos o tres horas durante bastante tiempo. Lo más probable, no obstante, es que alrededor de los dos o tres meses su hijo empiece a saltarse la toma de la noche –o una de las tomas, en el caso de que haga varias–. Si no fuera así, debemos tratar de suprimirla, ya que la madre necesita descansar y el pequeño empezar a coger el hábito del sueño.

Qué debemos hacer si no se despierta

Si es durante la noche, sentirnos terriblemente afortunados y dejar que siga durmiendo. Si ocurre durante el día, dejaremos que duerma un poco más y trataremos de despertarlo al cabo de una hora si sigue el horario de cada tres horas, y al cabo de media hora si sigue el esquema de cada cuatro horas.

Qué debemos hacer si se despierta antes de hora

Si estamos amamantándole, debemos ofrecerle el pecho ya que así produciremos más leche y la próxima vez le dejaremos más satisfecho. Es cierto que hay niños que utilizan el pezón a modo de chupete, para dormirse o consolarse. Piense, de todos modos, que darle de mamar o dejar que chupe el pezón no le hará ningún daño. Lo único que puede ocurrir es que a usted le salga alguna grieta, pero también para eso hay remedios.

Si se alimenta con leche artificial, intentaremos calmarlo dándole un poco de agua o el chupete. Si se despierta mucho antes de que le toque deberemos contárselo al pediatra ya que existe la posibilidad de que se esté quedando con hambre.

III. Las principales dolencias y enfermedades

31

¿Cómo debo tomarle la temperatura a mi bebé?

La fiebre es el aumento de la temperatura corporal por encima de los valores normales. No es una enfermedad, sino un síntoma que pone de manifiesto que en el cuerpo se está desarrollando una lucha contra una enfermedad o infección. Si es baja deberemos observar atentamente al pequeño y asegurarnos de que no presenta otros síntomas; si es alta, avisaremos inmediatamente a nuestro pediatra o llevaremos al pequeño a un servicio de urgencias que esté bien equipado.

¿Cuál es la temperatura normal de un recién nacido?

Suele estar alrededor de los 36,9 °C, aunque puede variar a causa del llanto, el exceso de abrigo, la temperatura ambiente, etcétera. La temperatura máxima rectal considerada normal en un recién nacido es de 37,8 °C (sin descontar ninguna décima). La única manera de saber si un niño tiene realmente fiebre es tomándole la temperatura con un termómetro.

Distintos métodos para tomar la temperatura

1. **En el recto:** es el sistema más seguro cuando se trata de bebés. Existen termómetros especialmente diseñados para ello, es decir, con la ampolleta redondeada y oval. Para facilitar la operación se puede lubrificar el termómetro con un poco de vaselina. Después lo insertaremos suavemente en el recto un máximo de tres centímetros. Debemos hacerlo con mucho cuidado, ya que si el pequeño se mueve podría romperse. Pasados unos dos o tres minutos podemos retirarlo. La temperatura rectal suele ser medio grado más alta que la oral.
2. **En la axila**: es el preferido cuando el niño tiene un año o más. Puede tomarse tanto con un termómetro rectal como con uno oral, es decir, con la ampolleta larga y delgada. Asegúrese de que la axila de su pequeño está seca. Coloque la ampolleta en la axila y mantenga el brazo apretado contra el cuerpo. Déjelo allí entre tres y cuatro minutos. La temperatura axilar es medio grado menor que la oral.
3. **En la boca:** la lectura no será fiable si el pequeño ha bebido algo en los últimos 15 minutos. Hay que colocar el termómetro debajo de la lengua del niño, pedirle que cierre la boca y no muerda el termómetro, y esperar dos o tres minutos antes de sacárselo. El niño debe entender perfectamente lo que queremos que haga, es decir, debe tener entre 4 y 5 años como mínimo.

Algunos síntomas que suelen acompañar la fiebre

- Irritabilidad.
- Llanto continuado.
- Somnolencia.
- Rechazo de la comida.
- Vómito.
- Diarrea.
- Poca actividad.
- Cuerpo caliente y sudoroso.
- Respiración acelerada.
- Rubor en el rostro.
- Ojos brillantes.
- Escalofríos.

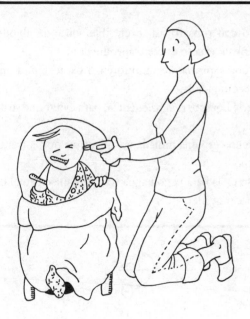

Cuándo debemos contactar con el pediatra

- Si su hijo tiene menos de seis meses, aunque la fiebre sea baja. Podría tener alguna infección seria sin manifestar ningún otro síntoma claro.
- Si la fiebre es superior a los 39 grados, aunque el niño no presente otros síntomas.
- Si la fiebre, a pesar de ser baja y no ir acompañada de otros síntomas, persiste más de 24 horas.
- Si su hijo padece alguna enfermedad seria, aunque la fiebre sea baja.

Cosas que podemos hacer para que baje la fiebre

- Vestirlo con ropa fresca, preferiblemente de algodón. Abrigarle en exceso es contraproducente.
- Darle una aspirina, acetaminofén o paracetamol en la dosis recomendada.
- Ofrecerle líquidos con frecuencia, para evitar que se deshidrate.
- Pasarle una esponja mojada en agua tibia por la frente y el cuerpo.
- Meterlo en la bañera con agua fría o templada en el caso de fiebre muy alta.

Qué ocurre si se rompe el termómetro en el recto

No se alarme. El mercurio es un metal que no se absorbe y que por tanto será eliminado por completo. Por lo que se refiere a la parte rota del termómetro, quedará envuelta por las heces del recto y será expulsada sin provocar al niño ningún daño o lesión. Si encuentra restos de sangre es que el cristal ha rasgado un poco el interior del recto, pero nada más. De todos modos, puede comentarlo con el pediatra.

32

¿Es verdad que las convulsiones son peligrosas?

Las convulsiones son espasmos musculares involuntarios. Pueden ser simples o complejas. Las primeras suelen durar menos de cinco minutos, son provocadas por la fiebre y no tienen consecuencias para la salud de los pequeños. Las segundas acostumbran a durar más de cinco minutos y se deben a causas más serias, por lo que requieren un diagnóstico médico y una terapia apropiada. Tanto en un caso como en el otro es muy importante que tratemos de mantener la calma y nos concentremos en ayudar al pequeño a superar la crisis.

Origen de las convulsiones simples o febriles

La causa más frecuente de este tipo de convulsiones es una repentina subida de la temperatura corporal. Dicha subida provoca una estimulación violenta y repentina de la parte del cerebro que controla los movimientos musculares del cuerpo, es decir, del lóbulo temporal.

Aunque no sea demasiado alta, la fiebre puede causar una mayor excitación de una zona específica del cerebro provocando una especie de cortocircuito que descompensa el equilibrio, todavía muy delicado en los pequeños.

Síntomas propios de las convulsiones simples

- Rigidez del cuerpo.
- Pequeña pérdida de conocimiento: parece no reaccionar a los estímulos externos.
- Giro de los ojos hacia un lado y hacia arriba, mostrando la esclerótica (parte blanca del ojo).
- Aspecto cianótico, es decir, violáceo.
- Episodios de apnea o, lo que es lo mismo, interrupción de la respiración durante algunos segundos.
- Babeo, náuseas, vómito.
- Palpitaciones cardíacas.
- Sacudidas rítmicas de una parte o de todo el cuerpo.
- Dolor de cabeza y rigidez en el cuello.
- Músculos fláccidos cuando cesan las convulsiones propiamente dichas.
- Pérdida de control de los intestinos y vejiga.

Qué debemos hacer

1. Coja al niño en brazos y manténgalo con la cabeza incli-
nada hacia adelante. Así evitará que aspire una posible
regurgitación o un poco de vómito.
2. Aflójele la ropa o desnúdele para que se enfríe de inmediato. De esta manera conseguiremos que descienda la
fiebre, causa de la convulsión.
3. Pásele por todo el cuerpo una esponja empapada en agua
templada y póngale encima una toalla humedecida. No
utilice agua fría, porque los escalofríos podrían producir
un aumento de la temperatura.
4. Cuando termine la fase activa de la convulsión, practí-
quele un delicado masaje por todo el cuerpo mientras le
habla con dulzura; con ello le ayudaremos a recobrarse
completamente.
5. Adminístrele el tratamiento antitérmico que su pediatra le haya indicado con ocasión de otros procesos fe-
briles.
6. Si es la primera vez, lleve al pequeño a un centro de urgencias o contacte de inmediato con su pediatra.

Las convulsiones complejas

Las convulsiones complejas suelen estar relacionadas con
algún problema serio. Generalmente son debidas a un daño
cerebral perinatal ocurrido poco antes, durante o inmediatamente después del nacimiento, o a una lesión producida
por meningitis o encefalitis, ambas enfermedades inflamato-
rias del sistema nervioso central. Dichas convulsiones no deben infravalorarse nunca, ya que pueden advertirnos de un
inicio de epilepsia o de la presencia de una lesión cerebral.

Así pues, si nuestro hijo sufre una convulsión compleja o pensamos que puede haberla sufrido le llevaremos a un centro de urgencias inmediatamente.

Algunas características de las convulsiones complejas

- Suelen presentarse en niños menores de ocho meses que han sufrido algún problema grave durante el parto.
- Por regla general duran más de cinco minutos.
- A menudo se manifiestan mediante sacudidas musculares de una sola parte del cuerpo.
- Terminada la crisis, el niño puede presentar secuelas graves, como parálisis o coma.

Datos que debemos anotar

- Comportamiento del niño antes y después de las convulsiones.
- Duración del ataque.
- Presencia o ausencia de fiebre.
- Parte del cuerpo que ha afectado.
- Otros síntomas.

33

Si mi pequeño se deshidrata, ¿lo notaré?

La deshidratación se produce cuando el organismo pierde una gran cantidad de agua –y las sales y minerales que esta contiene– y no se ingiere suficiente cantidad de líquidos como para reponerla. Las causas más comunes son la diarrea y el vómito, pero también pueden causarla una micción o sudoración excesivas. Es muy difícil que una deshidratación seria pase inadvertida, ya que los síntomas suelen ser bastante claros.

¿Cuál es el tratamiento indicado?

Debemos ofrecer a nuestro hijo pequeñas cantidades de líquidos frescos con frecuencia, por ejemplo zumos de fruta, leche diluida en agua, etcétera. Además, deberemos averiguar cuál es la causa, para poder hacerle frente y evitar que la deshidratación empeore o se repita.

Síntomas de deshidratación

- Membranas mucosas de la boca y la lengua secas.
- Ojos hundidos.
- Labios resecos y posiblemente agrietados.
- Piel con textura pastosa: si le pellizca la piel del abdomen y la suelta, ésta volverá a alisarse más lentamente de lo normal, consecuencia de la pérdida de líquidos en los tejidos.
- Olor a acetona en el aliento (algo dulce o frutal).
- Disminución marcada en la frecuencia y cantidad de orina.
- Llanto sin lágrimas.
- Somnolencia y falta de energía.
- Fiebre.
- Si la fontanela anterior todavía está abierta, aparece más hundida de lo normal.

¿Cuándo debemos contactar con el pediatra?

- Si los síntomas son realmente serios.
- Si nuestro hijo no puede retener líquidos a causa del vómito o la diarrea.
- Si a pesar de los remedios caseros, el niño no mejora.
- Si nuestro hijo es diabético.

34

¿Cuál es la dieta más apropiada en caso de diarrea?

La diarrea es un trastorno común que antes o después afecta a todos los niños y que, inevitablemente, provoca en los padres preocupación y desconcierto. Se habla de diarrea cuando el número de deposiciones aumenta o cuando las características de estas cambian significativamente, mostrando una consistencia distinta –líquida, semilíquida o grumosa–, un color diferente o un olor inusual.

Causas más frecuentes de la diarrea

1. Errores dietéticos: alimentación muy concentrada, exceso de alimentación, dietas hipocalóricas.
2. Infecciones del tubo digestivo producidas por algún virus, bacteria o parásito.
3. Infecciones fuera del tubo digestivo, como las óticas, respiratorias o urinarias.
4. Intolerancia a determinados componentes de los alimentos.

Cómo debemos actuar

Si se manifiesta de repente, es decir, si se trata de una diarrea aguda:

- Suspender la alimentación del niño, excepto si toma el pecho.
- Someterlo a una dieta a base de zanahorias y arroz, es decir, sustituir el alimento habitual por sopa de zanahoria –modera el movimiento intestinal y absorbe las toxinas– y por agua de arroz –el almidón que contiene solidifica las heces y es muy energético–. Es muy importante reponer los líquidos perdidos a través de las heces para evitar una posible deshidratación.
- Localice a su pediatra. Él le indicará la causa concreta de la diarrea y el régimen alimentario más indicado.

Características de una diarrea severa

- Evacuaciones acuosas.
- Presencia de pus o sangre en las heces.
- Fiebre persistente superior a los 38 grados centígrados.
- Disminución importante de la actividad.

Algunas cosas que no debemos hacer

1. Si la diarrea se inicia de forma lenta y progresiva, no debemos someter al niño a una dieta excesivamente astringente –solo arroz y zanahoria– porque le desnutriría y acentuaría la diarrea, creándose un círculo vicioso.
2. No debemos suprimir la leche habitual y sustituirla por

otra especializada en dicho problema sin consultar al médico.

3. No le administraremos antibióticos sin el permiso del pediatra, ya que suelen empeorar el problema.

4. No le haremos tomar un antidiarreico a menos que nos lo indique el médico, porque tienen efectos secundarios que perjudican al pequeño.

5. No le obligaremos a comer; la falta de hambre suele ser un síntoma más de la enfermedad. Debe comer solo lo que le apetezca. Ofrézcale más líquidos, siempre de forma fraccionada y en pequeñas cantidades.

Cómo se prepara la sopa de zanahoria

● Limpie, pele y trocee medio kilo de zanahorias. Póngalas a hervir en un litro de agua durante una hora. Triture la mezcla y añada el agua necesaria para obtener de nuevo un litro. Añada 3 gramos de sal –una cucharadita de café–. La sopa de zanahorias debe conservarse en un recipiente no metálico y dentro de la nevera. Debe consumirse antes de 12 horas.

Los beneficios de los fermentos lácticos

La diarrea de tipo infeccioso altera el equilibrio de la flora bacteriana intestinal, ya que los gérmenes buenos se ven superados por los patógenos, responsables de la infección. Los fermentos lácticos ayudan a restablecer el equilibrio. Como alternativa, y siempre que la edad del bebé lo permita, puede consumirse yogur, un alimento rico en preciosas bacterias.

Cómo se prepara el agua de arroz

● Vierta 25 gramos de arroz en un litro de agua. Déjelo hervir durante 20 minutos y después cuélelo. Añada 3 gramos de sal. Debe consumirse antes de 24 horas.

35

Me parece que mi hijo va estreñido

Muchos padres creen erróneamente que sus hijos padecen estreñimiento si no evacuan cada día, y se asustan pensando que tienen algún desajuste intestinal serio. La verdad, sin embargo, es que los hábitos de evacuación de un niño pueden variar considerablemente, de modo que lo que importa no es el tiempo que pasa entre una deposición y la siguiente, sino su aspecto. Solo debemos preocuparnos si son duras, secas y aparecen fragmentadas formando pequeñas bolitas.

Falsos problemas

1. Muchos lactantes tienen dificultades serias para evacuar. Enrojecen, hacen grandes esfuerzos pero finalmente eliminan unas heces cremosas o quizás algo más consistentes que no justifican en absoluto los esfuerzos realizados. No es que sufran estreñimiento, sino que la musculatura de sus paredes abdominales es demasiado débil, algo perfectamente normal a esa edad. Dicha debilidad impide que ejerzan la presión necesaria dentro del abdomen como para expulsar las heces. Llegado el momento podemos ayudarle presionando con la mano abierta sobre su abdomen, para aumentar la presión intraabdominal; o podemos flexionar y estirar sus piernas para estimularle a apretar.

2. Hay niños que defecan menos veces de lo que suele ser habitual, pudiendo pasar varios días entre una evacuación y la siguiente. Pero llegado el momento lo hacen de forma más o menos normal. El niño no va estreñido; simplemente tiene un ritmo intestinal más lento. Ello no le causa molestia alguna ni tiene por qué tener ningún efecto secundario.

Causas más comunes del estreñimiento

- Falta de líquidos.
- Alimentación escasa o incorrecta.
- Enfermedad.
- Factores psicológicos.

Soluciones naturales

- Aumentar la cantidad de líquidos que ingiere el pequeño a diario.
- Ofrecerle zumo de naranja; si no acepta bien los cítricos, escoja frutas como la uva, la pera o la manzana.
- Masajear su tripita con la palma de la mano abierta, realizando movimientos circulares durante cinco minutos.
- Aumentar el consumo de frutas y verduras frescas, alimentos ricos en fibras que favorecen el tránsito intestinal, especialmente las ciruelas.

Cómo se introduce el zumo de naranja a un lactante

1. El primer día se le ofrece una cucharadita de zumo de naranja mezclado con una de agua.
2. El segundo día dos cucharaditas de zumo y dos de agua.
3. El tercer día, tres de zumo y tres de agua.
4. El cuarto día, cuatro de zumo y cuatro de agua.
5. El quinto día, cinco de zumo y cinco de agua.
6. El sexto día, seis de zumo y cuatro de agua.
7. El séptimo día, siete de zumo y tres de agua.
8. El octavo día, ocho de zumo y dos de agua.
9. El noveno día, nueve de zumo y una de agua.
10. El décimo día, diez de zumo.
11. A partir de este día se va aumentando la cantidad de zumo hasta darle un vaso entero.

Otras soluciones

(Antes de optar por una de estas soluciones debemos consultar al pediatra.)

- Los supositorios de glicerina.
- Las irrigaciones.

Soluciones prohibidas

- Los laxantes.
- Los enemas.
- Las tisanas.

El problema de las fisuras

Si las heces están más duras de lo normal, al eliminarlas se distiende el tejido que se encuentra alrededor del orificio anal, produciendo pequeñas rasgaduras o fisuras que generalmente sangran y cubren el excremento con estrías de sangre. Cuando las evacuaciones se vuelven más blandas, el problema por regla general se resuelve. Si persistiera, su pediatra le recetará una crema adecuada. También podemos aplicar compresas empapadas en una solución obtenida al disolver bicarbonato en agua fría. O untar la zona con vaselina.

36

Me han dicho
que las otitis duelen mucho

Hay dos tipos de infección en el oído: la otitis externa, causada por el agua que queda en el oído después de nadar, y la otitis media, que aparece cuando se obstruyen las trompas de Eustaquio, unos conductos que conectan el oído medio con la parte posterior de la nariz y la garganta. Las primeras suelen afectar básicamente a niños mayores que ya saben nadar y pasan mucho rato en el agua. Las segundas, a niños menores de seis años.

La otitis externa

Esta dolencia se produce por la acumulación de agua y bacterias dentro del canal auditivo, que propicia un área de infección. Para eliminar el agua que queda estancada en los oídos después de nadar bastará con inclinar la cabeza del niño hacia un lado o introducir la esquina de una toalla dejando que absorba el líquido.

Síntomas de la otitis media

- Molestias o dolor intenso en el oído. El niño se toca la oreja, se la estira o se la golpea.
- Movimientos laterales de la cabeza.
- Fiebre.
- Congestión, síntomas de resfriado.
- Irritabilidad.
- Llanto persistente.
- Falta de apetito.
- Pérdida de audición.
- Dolor de cabeza.
- Salida al exterior de exudado.

La otitis media

En los niños, las trompas de Eustaquio se inflaman y se tapan con mucha facilidad debido a su configuración anatómica, más horizontal y estrecha que en los adultos. Cuando esto ocurre el oído medio, es decir, la cavidad que se encuentra entre la membrana del tímpano y la parte más interna del oído, queda taponado. Si la mucosidad o una cierta cantidad de líquido se estancan, las bacterias que suele haber en el oído medio las infectan, irritando el tímpano y provocando la formación de pus. A medida que el niño crece, no obstante, sus trompas de Eustaquio también se vuelven mayores y son menos propensas a obstruirse.

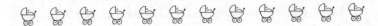

Algunos datos que debemos tener presentes

1. Cuando detecte las primeras señales de resfriado trate de mantener siempre limpia la nariz del niño para evitar el estancamiento de la mucosidad. Para ello emplee suero fisiológico.
2. Cuando tenga otitis, no le tape el oído con un algodón, ya que algunas bacterias se multiplican justamente cuando la temperatura es constante y con el calor.
3. No fume nunca en presencia de los niños. El humo de los cigarrillos ejerce una acción irritante directa en las vías aéreas tanto superiores como inferiores.
4. Si llora desconsoladamente a causa del dolor y no conseguimos calmarle podemos administrarle el analgésico que nos indicará el pediatra por vía oral o rectal; será más efectivo que las gotas.
5. No es cierto que los cambios bruscos de temperatura o el frío provoquen una otitis.
6. La aplicación de calor local sobre la zona afectada, en este caso el oído, suele calmar el dolor.
7. Nunca debemos meter ningún objeto en el canal del oído.

Niños más propensos a sufrirla

- Niños que pertenecen a familias numerosas o van a la guardería: cuantos más hermanos tenga o más sean los coetáneos con los que se relaciona diariamente, más probabilidades tiene de ser atacado por un virus o bacteria.

- Niños propensos a padecer infecciones respiratorias. La mucosa de las vías aéreas tiende a inflamarse fácilmente y a segregar más moco del habitual.
- Niños con una anomalía anatómica del oído que favorezca el estancamiento del moco en el oído medio.

37

¿Qué vacunas debo ponerle?

Las vacunas han sido desarrolladas con el fin de evitar el sufrimiento que producen las enfermedades más agresivas y sus consecuencias. Son preparados que se elaboran o bien a partir de alguna parte inactiva de los gérmenes o bien a partir de los propios virus o bacterias pero atenuados, es decir, con menor capacidad agresiva. Los gérmenes patógenos en dichas condiciones no pueden desencadenar la enfermedad, pero en cambio estimulan la producción de anticuerpos en el organismo. Gracias a ello, una persona que está vacunada contra una enfermedad, no la contrae o enferma de forma muy leve.

¿Por qué se ponen durante la infancia?

Los bebés nacen provistos de unas defensas que les ha pasado la madre a través de la placenta durante el embarazo. Pero dichos anticuerpos maternos se van agotando poco a poco a partir de los dos o tres meses de edad, momento en que el niño debe empezar a fabricar los suyos propios. A partir de este instante, y hasta que tienen un sistema inmunológico fuerte, los niños están expuestos al contagio de un buen número de infecciones. Algunas, como la gripe o las diarreas, suelen ser leves. Pero otras, como la difteria, el tétanos o la polio, por citar solo unas pocas, son graves y pueden dejar secuelas para toda la vida. Es por eso por lo que las vacunas se ponen durante la infancia.

Calendario de vacunaciones sistemáticas

Los calendarios de vacunas se modifican de acuerdo con las enfermedades que hay en un país y con la aparición de nuevas vacunas. Las autoridades sanitarias son las encargadas de fijarlos en cada momento.

A LOS TRES MESES:
A. 1.ª dosis DTP (antidiftérica, antitetánica, antitosferinosa).
B. 1.ª dosis antipolio oral (trivalente).

A LOS CINCO MESES:
A. 2.ª dosis DTP
B. 2.ª dosis antipolio oral (trivalente).

A LOS SIETE MESES:
A. 3.ª dosis DTP.
B. 3.ª dosis antipolio oral (trivalente).

A LOS QUINCE MESES:
A. Antisarampión, antirubéola, antiparotiditis (triple vírica).

A LOS DIECIOCHO MESES:
A. Dosis de refuerzo DTP.
B. Dosis de refuerzo antipolio oral (trivalente).

ENTRE LOS CUATRO Y LOS SEIS AÑOS:
A. DT (antidiftérica, antitetánica).
B. Antipolio oral (trivalente).

A LOS ONCE MESES:
A. Antisarampión, antirubéola, antiparotiditis (triple vírica).

ENTRE LOS CATORCE Y LOS DIECISÉIS AÑOS:
A. T.d. (antitetánica y toxoide diftérico tipo adulto). Cada diez años una dosis de refuerzo.

La *Haemophilus influenzae b* (HIB)

La *Haemophilus influenzae b* es la más nueva de las vacunas que tenemos a nuestra disposición. Esta bacteria puede causar distintas enfermedades: epiglotitis, neumonía, infecciones de huesos, sangre, piel, oídos y un tipo de meningitis. Esta última es la más grave de todas. Afecta a los niños menores de cinco años –sobre todo a aquellos que aún no han cumplido los dos– y, si no se trata a tiempo, puede dejar secuelas irreversibles. La vacuna no tiene ninguna contraindicación.

Síntomas y soluciones en caso de reacción

Síntomas:
- Dolor local.
- Enrojecimiento de la zona.
- Inflamación.
- Erupción.
- Fiebre.
- Mareo.
- Irritabilidad.
- Llanto.

Soluciones:
- En caso de enrojecimiento y dolor local, aplicar una compresa fría en la zona de tres a cuatro veces al día.
- Si el malestar del niño no es muy intenso, darle un antiinflamatorio y antitérmico, como paracetamol, en la dosis recomendada.
- Si el pequeño parece estar grave, contactar de inmediato con el médico o ir a un centro de urgencias.

38

¿Cómo se contagia la varicela?

La varicela es una enfermedad viral, aguda y contagiosa que se transmite únicamente de persona a persona. El período de incubación es de dos a tres semanas. Se caracteriza por la aparición de grupos de lesiones tópicas en la piel y de lesiones menos obvias en las membranas de la boca y la garganta. Por regla general, la erupción comienza en el tronco y se disemina luego por los brazos, las piernas, la cara y el cuero cabelludo.

Síntomas más característicos

- Erupción cutánea que provoca comezón.
- Fiebre, sobre todo los tres o cuatro primeros días, cuando la erupción está brotando.
- Dolor de cabeza.
- Sensación de fatiga.
- Ardor de garganta, causado por las lesiones en la garganta y la boca.
- Escurrimiento nasal.

Estadios de la varicela

1. Primero aparece un exantema en forma de pápulas (pequeños bultitos).
2. Estas se transforman después en ampollas llenas de líquido y rodeadas por un halo rojo.
3. Transcurrida una semana, más o menos, se convierten en costras.

La erupción cutánea sigue apareciendo durante varios días, de modo que los tres estadios conviven simultáneamente.

Cuándo es contagiosa

Su hijo puede contagiar la varicela desde que empiezan los primeros síntomas respiratorios superiores, es decir, de tres a cuatro días antes de que se produzca la erupción, hasta que dejan de aparecer nuevas ampollas y las más viejas están bien secas, es decir, entre siete y diez días.

Tratamiento indicado

- Para aliviar la comezón y la fiebre podemos darle acetaminofén, nunca aspirina, y aplicar talquistina.
- Trate de mantener al niño fresco.
- Reduzca al máximo el contacto con otros niños.
- Intente que no se rasque. Córtele las uñas y, si hiciera falta, póngale guantes.
- Báñelo con agua fresca o tibia y bicarbonato de sodio o almidón de maíz (maicena).

39

A mi pequeño le llora un ojo

A todos los recién nacidos se les pone un colirio antibiótico en la conjuntiva nada más nacer con el fin de evitar las posibles infecciones que pudieran haber contraído al pasar por la vagina de su madre. Dicho colirio contiene nitrato de plata, una sustancia ligeramente irritante que puede conferir a sus ojos un aspecto purulento durante los primeros días. No es más que una pequeña secreción sin importancia que desaparecerá por sí sola. Ahora bien, si la secreción no desaparece o incluso empeora, deberemos contactar con el médico.

Síntomas que sí deben ponernos alerta

- Secreción persistente o en aumento.
- Ojo que lagrimea constantemente.
- Enrojecimiento marcado de los ojos.
- Párpados hinchados.
- Formación de pus en los párpados.

Algunos problemas frecuentes

1. Infección.
2. Conjuntivitis.
3. Obstrucción del conducto lacrimal.

Tratamiento usual

- Si el problema es una obstrucción del conducto lacrimal, podemos masajear la zona que se encuentra justo debajo de la comisura interna del ojo y aplicar un colirio adecuado. Si el problema no se resuelve, puede recurrirse a una intervención quirúrgica menor.
- En caso de conjuntivitis o infección, acudiremos al pediatra o al oftalmólogo y seguiremos el tratamiento indicado por este.

Otras alteraciones frecuentes después del parto

1. **Hinchazón de los párpados:** puede ser ligera o muy pronunciada, impidiendo incluso que se le vean los ojos. Por regla general desaparece pasados cinco o seis días. No se considera un problema importante.
2. **Hemorragias:** la presión ejercida sobre la cabeza durante el parto puede provocar pequeñas hemorragias claramente visibles en uno o en ambos ojos. Pueden surgir tanto en un parto normal como en un parto difícil, y suelen desaparecer al cabo de una semana más o menos. No debemos confundirlas con una lesión ocular.

40

La piel de mi bebé está cada vez más amarilla

Algunos recién nacidos presentan un tinte amarillo tanto en la piel como en los ojos. Dicho fenómeno se denomina ictericia y es el resultado de un aumento en la sangre de la bilirrubina, un pigmento que impregna todos los tejidos, incluida la piel. No se considera una enfermedad, sino un proceso perfectamente normal dentro de la evolución del pequeño. La ictericia del recién nacido se inicia el segundo o tercer día de vida, dura alrededor de una semana y desaparece gradualmente.

Causas de la ictericia

- La incompatibilidad entre el factor Rh del niño y la madre, un problema bastante grave.
- La inmadurez transitoria del hígado, incapaz de eliminar la bilirrubina; es probablemente la causa más frecuente.
- La presencia de determinada hormona en la leche de la madre, motivo que puede obligar a suspender la lactancia materna.

- Una infección.
- Un consumo insuficiente de líquidos.

Cuidados y tratamiento aconsejados

En muchos casos no se requiere ningún tratamiento específico y se soluciona de forma espontánea. De todos modos, en la clínica se vigila muy atentamente a los bebés que sufren ictericia. Si sus niveles de bilirrubina llegan a ser excesivamente elevados, se les somete a un tratamiento denominado fototerapia. Se irradia el cuerpo del pequeño con luces fluorescentes que destruyen los pigmentos de la sangre e impiden su acumulación en los distintos tejidos y órganos del cuerpo. Por esta razón también se aconseja exponer al recién nacido a la luz del sol, aunque de forma moderada.

Consecuencias graves

- Si los niveles de bilirrubina en la sangre se disparan, existe el peligro de que dicha sustancia penetre en el cerebro y cause un daño permanente en las células del sistema nervioso central. Es por eso por lo que en caso de ictericia aguda debemos llamar inmediatamente al médico.

41

¿Cuál es la temperatura ambiente ideal?

En la *nursery* de la clínica, la temperatura ambiental suele ser bastante elevada; además, en la cuna de los recién nacidos se coloca una manta eléctrica que no se retira hasta pasadas varias horas. Todas estas precauciones se toman porque los primeros días los mecanismos para controlar la temperatura corporal de los recién nacidos son todavía muy inestables. Eso no significa, sin embargo, que debamos seguir abrigándolos de forma exagerada o que debamos sobrecalentar nuestra casa pasadas las primeras semanas.

La temperatura ideal

La temperatura ideal tanto para su habitación como para el resto de la casa es de unos veinte grados centígrados. Debemos intentar, no obstante, que la calefacción no reseque de forma excesiva el ambiente.

Factores a tener en cuenta

- La temperatura y la humedad medias del lugar donde vivimos.
- El tipo de vivienda que tenemos: si le da el sol, si es más bien fría, si tiene humedad, si está bien ventilada, etcétera.
- Cuanto más caliente esté el aire por efecto de la calefacción, más seco se vuelve el ambiente. Y el aire excesivamente seco puede ser contraproducente ya que provoca sequedad de garganta, nariz y piel.
- Prefiera siempre el algodón a las fibras sintéticas, sobre todo para la ropa de dormir.
- Las estufas de butano no son aconsejables, ya que consumen el oxígeno y enrarecen el ambiente.
- Los humidificadores deben utilizarse con prudencia y limpiarse a diario: de lo contrario, es muy probable que aparezcan hongos y gérmenes.

Cómo puedo saber si estoy abrigándolo demasiado

- El niño suda. Tóquele la parte posterior del cuello y si la nota húmeda o excesivamente caliente es muy probable que su hijo esté demasiado abrigado.
- A su hijo le sale un sarpullido, es decir, una erupción pasajera de granos, por regla general en la frente, nariz y cuello.

42

¿Qué es la muerte súbita?

El síndrome de la muerte súbita o muerte en la cuna no es sino la muerte repentina de un bebé aparentemente normal y sano por razones desconocidas. Suele afectar principalmente a niños comprendidos entre las cuatro semanas y los cuatro meses de edad y, afortunadamente, es poco habitual. En la mayoría de los casos, los padres y demás familiares cercanos suelen sentirse terriblemente culpables y deprimidos. La muerte del pequeño, no obstante, no es nunca consecuencia de un descuido o de algo que pudiera haberse evitado, de modo que no es culpa de nadie, por mucho que cueste aceptarlo.

Causas que han sido desestimadas

A lo largo de los años se han sugerido muchas hipótesis acerca de la muerte súbita y lo que la provoca, pero ninguna ha podido ser probada o demostrada. Entre dichas explicaciones cabe destacar las siguientes:

- Asfixia.
- Sofocación.
- Estrangulamiento.

- Engrandecimiento de la glándula del timo.
- Pulmonía.
- Lesión en la médula espinal.
- Alergia a la leche de vaca.
- Inmadurez del cerebro.

Algunos detalles que debemos conocer

- La muerte, por regla general, tiene lugar durante el sueño.
- Se produce en tan solo unos segundos y no causa dolor al pequeño.
- Ocurre con más frecuencia durante el invierno que durante las otras estaciones.
- El fenómeno de la muerte súbita se da en todo el mundo.
- Como no hay síntomas y se desconoce la causa, es imposible predecir o prevenir la muerte del pequeño.

Apoyo psicológico

La muerte súbita es una tragedia contra la que no podemos hacer nada. Para superar el sentimiento de culpa y la depresión resultante puede sernos útil hablar con un psicólogo y contactar con otros padres que han tenido que afrontar el mismo problema.

43

Mi bebé respira muy deprisa

La mayoría de los padres se asustan cuando, durante el embarazo, oyen por primera vez el latido de su futuro hijo. Les da la sensación de que está acelerado y sufre algún problema respiratorio, pero se equivocan. Las constantes vitales tanto de un feto como de un recién nacido, es decir, su respiración, su frecuencia cardíaca y su temperatura, son más elevadas que las de los niños o las de los adultos. Así pues, si observa a su hijo con atención notará que respira mucho más rápidamente que usted y que a pesar de ello se encuentra perfectamente.

Constantes vitales normales

La frecuencia respiratoria de un recién nacido es de 30-40 respiraciones por minuto, más del doble que en un adulto. Si recibe algún estímulo o está excitado, puede llegar a efectuar 60 respiraciones por minuto. Por lo que se refiere a su frecuencia cardíaca, tendrá unas 120-140 pulsaciones por minuto. Los movimientos intermitentes que se producen en la fontanela anterior se corresponden con los latidos del corazón.

Respiración rápida persistente

Una respiración rápida, es decir, de más de 30-40 respiraciones por minuto, que persiste cuando el bebé no está excitado o mientras duerme, puede ser signo de una enfermedad grave. Entre los síntomas que suelen acompañar esta alteración respiratoria cabe mencionar los siguientes:

- El niño deja de comer para recuperar la respiración.
- Cambios en el color de la piel, que adquiere una tonalidad azulada o grisácea, o se vuelve marcadamente pálida.
- Aspecto somnoliento o letárgico.
- Falta de interés por succionar y por la comida en general.
- Atragantamiento.
- Ahogos.
- Respiración ruidosa.

44

¿Qué debemos hacer si ingiere una sustancia tóxica?

Todos los niños sienten una atracción innata hacia los recipientes que contienen sustancias tóxicas, hacia las cajitas de medicamentos o hacia los productos de limpieza que usan sus papás. Lo más indicado para evitar posibles intoxicaciones es limitar el número de productos nocivos que tenemos en casa y guardar en un lugar seguro o bajo llave aquellos que necesitemos. De todos modos, es probable que alguno de sus hijos acabe por descubrir el modo de hacerse con ellos y los ingiera, por lo que debemos estar preparados y saber qué hacer en caso de que eso ocurra.

¿Qué debemos hacer y en qué orden?

1. Comprobar inmediatamente si falta o hay algún recipiente abierto que contenga una sustancia nociva, para poder informar al médico de cuál es la sustancia que ha ingerido nuestro hijo.
2. Contactar de inmediato con un centro de urgencias especializado o con nuestro pediatra.
3. Si el médico le indica que debe hacer vomitar al niño, déle una cucharada de jarabe de ipecacuana –siempre deberíamos tenerlo en el armario de las medicinas– y acto seguido un vaso de agua. El pequeño vomitará pasados unos quince o veinte minutos. Mientras lo hace, aguántele la cabeza para evitar que inhale accidentalmente lo que está vomitando. Tenga presente que a veces no es bueno hacer que vomiten, por lo que debe consultarlo siempre con el médico.
4. Diríjase rápidamente a un centro de urgencias, por si tuvieran que hacerle un lavado de estómago o someterlo a otro tratamiento. No olvide llevar el recipiente de la sustancia ingerida, si sabe cuál es, y una muestra del vómito, en caso de que lo haya, claro.

Síntomas que deben ponernos alerta

- Dolor abdominal.
- Diarrea.
- Desmayo o pérdida de conciencia.
- Visión borrosa.
- Convulsiones.
- Sensación de asfixia o dificultad para respirar.
- Confusión.
- Somnolencia.
- Tos con sangre.
- Náuseas y sensación de mareo.
- Cambio de conducta.
- Erupción.
- Fiebre.

45

Tiene la nariz tapada y ello le impide mamar

Cuando un recién nacido se alimenta, tiene la boca completamente ocupada o bien por el pezón de la madre o bien por la tetina del biberón. Si tiene la nariz congestionada, no puede respirar, de manera que se ahoga, se siente incómodo y deja de comer. También a los adultos nos cuesta más comer cuando estamos resfriados, por lo que no tiene nada de extraño. El problema es que los bebés no comprenden lo que les pasa, y si se quedan con hambre lloran y están irritables.

Qué debemos hacer

1. Antes de darle de comer, debemos tratar de descongestionar su nariz. Compraremos suero fisiológico en la farmacia. Lo venden en botes grandes o en botellitas individuales. Estas últimas son muy cómodas, porque se aplican directamente en las fosas nasales y no existe el riesgo de que el suero se contamine. Si tenemos un bote grande podemos aplicarlo con la ayuda de un cuentagotas o de una jeringuilla de plástico. Si no tenemos suero en casa, podemos fabricarlo nosotros mismos. Para ello añadiremos un cuarto de cucharita de sal de mesa en una taza de agua hervida.

2. Espere unos segundos, para que el suero haga efecto y reblandezca la mucosidad. Después, con una perilla o extractor, aspire los mocos que el niño tenga en los orificios nasales. Hágalo suavemente, ya que de lo contrario podría hacerle daño.

3. Si todavía le quedan mocos, repita todo el proceso. El suero no le hará ningún daño a su hijo, por lo que puede utilizarlo las veces que sea necesarias.

4. Antes de meterlo en la cuna para que duerma, vuelva a ponerle un poco de suero y a extraer la mucosidad acumulada.

Falso resfriado

Los primeros días después del nacimiento todos los bebés estornudan, eliminando así las secreciones de la nariz. Dichas secreciones pueden llegar a obstruir los orificios nasales y hacer que el pequeño haga ruido al respirar.

Las abuelas y familiares le dirán que se ha resfriado, que tienen que abrigarlo más, pero la verdad es que se trata de una reacción perfectamente normal. Si fuera un resfriado, la obstrucción nasal no sería intermitente, como es el caso.

Si se fija bien verá que a ratos respira sin ningún tipo de dificultad y a ratos tiene la nariz tapada. Si el niño estuviera incómodo o tuviera dificultades para comer, póngale un poco de suero fisiológico.

46

Mi hijo tose mucho

La tos es un mecanismo de defensa cuya función es proteger el aparato respiratorio. Elimina todo aquello que obstaculiza el paso del aire, impide que las sustancias extrañas puedan penetrar en los bronquios y facilita la eliminación de la mucosidad excesiva. Así pues, no debemos combatir la tos, sino la causa que la provoca.

Algunas causas de la tos

- Virus.
- Infecciones bacteriales.
- Asma.
- Alergias.
- Inhalación accidental de un cuerpo extraño: humo de cigarrillo, polvo, algún objeto sólido, etcétera.
- Bronquitis.
- Resfriado.

Características que debemos observar

1. Cuándo se manifiesta: básicamente por la noche, durante todo el día, al despertarse por la mañana, mientras come, si realiza algún ejercicio fisico, etcétera.
2. Tipo de tos: si es más bien seca o blanda, si va acompañada por una especie de silbido, si tiene un timbre metálico, si es continuada o se presenta en forma de ataques, etcétera.
3. Otros posibles síntomas: si tiene fiebre, si vomita, si está resfriado, si parece pasarlo mal, si presenta alguna conducta extraña, etcétera.

Distintos tipos de tos

A. **Seca y perruna:** Suele ser consecuencia de una inflamación de la laringe causada por un virus. Si la tos es el único síntoma, podemos emplear un humidificador o meternos en el baño con el pequeño y abrir el grifo del agua caliente para formar vapor. Si por el contrario el niño presenta otros síntomas –fiebre alta, dificultad para respirar, señales evidentes de sufrimiento–, debemos consultar al pediatra de inmediato.

B. **Blanda e insistente:** Si la tos se presenta sobre todo por la noche o cuando el pequeño se despierta por la mañana, es probable que se trate de una infección de las vías respiratorias altas –cavidad de la nariz y faringe–, ya que cuando se está tendido las secreciones se acumulan y la tos empeora.

Cuándo debemos contactar con el pediatra

- Si le cuesta respirar y no mejora después de haberle tratado de despejar sus orificios nasales con suero fisiológico.
- Si respira de forma acelerada y jadea.
- Si tiene menos de tres meses y presenta una tos persistente.
- Si expectora moco estriado de sangre.
- Si durante los ataques de tos los labios se le ponen violáceos.
- Si parece estar sufriendo.
- Si la fiebre persiste más de 72 horas.
- Si la tos dura más de diez días.
- Si sospechamos o sabemos que nuestro hijo se ha tragado algún objeto.
- Si tiene dolores en el tórax o le duele la cabeza.
- Si trastorna el sueño de nuestro hijo.

C. **Ataques de tos seca:** Si van seguidos por el característico «gallo», son típicos de la tos ferina.

D. **Seca y con silbidos:** Suele presentarse cuando el niño padece asma e ir acompañada por problemas respiratorios. Muchas veces se manifiesta por la noche y puede desencadenarse con el ejercicio físico.

Lo que no debemos hacer nunca

A. Nunca debemos administrar fármacos contra la tos sin consultar al pediatra.

B. Eliminar la leche de la dieta del niño, ya que no es verdad que espese las secreciones.

C. Cambiar las pautas alimenticias del pequeño.

Algunos remedios sencillos

- Eliminar del ambiente las sustancias que pueden causar la irritación, como el humo de los cigarrillos, el polvo, etcétera.
- Dar de beber al pequeño con frecuencia. El agua es un magnífico fluidificante del moco.
- Humidificar el ambiente, sobre todo durante el invierno, cuando se usa más la calefacción.
- Prepararle bebidas calientes endulzadas con miel, por su acción emoliente.

47

¿Por qué sale la costra láctea?

La costra láctea es una inflamación corriente de la piel que afecta sobre todo a los lactantes. Es antiestética, pero absolutamente inocua e indolora. Aparece poco después del nacimiento y puede durar algunas semanas e incluso prolongarse hasta los seis meses de edad. En cualquier caso, no es más que un trastorno transitorio que se caracteriza por un enrojecimiento de la piel y por la aparición de grandes y espesas escamas de color amarillento. Dichas escamas se localizan básicamente en el cuero cabelludo del pequeño, aunque también pueden aparecer en la frente, en las cejas y detrás de las orejas.

A qué se debe

Las glándulas sebáceas producen una sustancia aceitosa llamada sebo, cuya función es impedir que la piel y los pelos se sequen completamente. Cuando dichas glándulas dejan de funcionar bien y elaboran demasiado sebo, puede producirse una inflamación local, trastorno que se conoce con el nombre genérico de dermatitis seborreica. La costra láctea es una dermatitis de este tipo, ya que aparece cuando la piel del cuero cabelludo produce una cantidad excesiva de sebo, sebo que se transforma en costras o escamas pegajosas, de aspecto parecido a la cera y color amarillento. Se desconocen las causas que provocan este tipo de inflamación, pero se sabe que no tienen ninguna consecuencia negativa para la salud del pequeño.

Cómo tratarla

A. Si las escamas tienen un espesor moderado y el enrojecimiento es ligero, podemos aplicar un aceite vegetal –como el aceite de almendras o de oliva– o mineral –como la vaselina.
B. Si el fenómeno se extiende, acudiremos al pediatra y le pediremos que nos recete algún producto apropiado.

Cómo eliminarla

1. Aplicar el aceite o producto indicado en la zona afectada.
2. Efectuar un suave masaje para que penetre bien.
3. Dejarlo actuar durante un par de horas o, si fuera necesario, durante toda la noche.
4. Pasar el peine por el cuero cabelludo en la dirección del cabello.
5. Si utilizamos champú, escogeremos uno neutro e hipoalergénico.
6. Solo le pondremos gorro cuando realmente lo necesite, es decir, cuando haga frío o cuando haga mucho sol. Debemos dejar que la cabeza del pequeño respire, ya que el sudor facilita la producción sebácea.

Diferencias entre la costra láctea y la dermatitis atópica

1. La costra láctea o dermatitis seborreica se manifiesta en el 50-80% de los niños, mientras que la dermatitis atópica es mucho menos frecuente, ya que afecta únicamente a un 5-10% de los niños.
2. La costra láctea aparece durante las primeras semanas de vida; la segunda lo hace más tarde, durante los primeros meses.
3. La costra láctea es indolora. La dermatitis atópica, por el contrario, causa picor.
4. La primera se localiza en la cabeza, en el centro de la cara y, a veces, en las nalgas. La segunda se presenta en la cabeza, en los lados de la cara y en los brazos y piernas.
5. La costra láctea cubre de escamas grasas la piel ya enrojecida, mientras que la dermatitis atópica se caracteriza por unas escamas más finas y una secreción líquida.

Cómo prevenir las infecciones

Si las manos o algún objeto que no están completamente limpios entran en contacto con una parte del cuerpo que esté inflamada, en este caso en la piel del cuero cabelludo es muy fácil que se desarrolle una infección, por lo que deberemos tomar algunas precauciones:

● Mantener las manos del niño tan limpias como sea posible y procurar que siempre tenga las uñas cortas.

- No debemos intentar arrancar las costras con el peine, ya que podríamos provocar una irritación todavía mayor. Esperaremos a que se ablanden y empiecen a despegarse por sí solas.
- Si se ha formado un poco de líquido debajo de las costras, aplicaremos compresas suaves empapadas en la solución que nos recete el pediatra. Actualmente existen productos muy efectivos.
- Si el niño tiene la costumbre de tocarse la cabeza, podemos ponerle unos guantes de algodón.

48

¿Qué filtro solar debo usar para mi pequeña?

El sol es sano tanto para la piel como para el organismo en general, pero solo si se toma de forma moderada. Los niños pequeños, en especial los de piel blanca, son muy sensibles al sol y al calor, por lo que en verano, cuando vayamos a la playa o a la piscina, deberemos extremar las precauciones. Lo ideal es empezar de forma gradual y escogiendo las horas de menos calor, es decir, a primera hora de la mañana o por la tarde, cuando el sol ha empezado a descender.

Algunos consejos que pueden serle útiles

- Mientras esté en la playa, cubra a su hijo con una camiseta, incluso mientras se baña. Así no se le quemará la piel.
- Póngale un gorro de tela fresca, preferiblemente de algodón, para que el sol no le dé directamente en la cabeza. Las insolaciones son muy peligrosas cuando se trata de niños pequeños.
- No se quede en la playa durante muchas horas. Piense que debajo de la sombrilla también hace calor, y que los rayos se reflejan tanto en la arena como en el agua.
- Antes de ir a la playa, preferentemente por la tarde, intente que su hijo haga una buena siesta en un lugar fresco.
- Compre una buena crema protectora, con un filtro solar alto y resistente al agua. En el mercado existen muchas marcas que puede utilizar sin problemas. Aplíqueselo tantas veces como sea necesario.
- Ofrézcale agua con frecuencia, para evitar que se deshidrate. Cuando hace calor los niños sudan mucho y por tanto deben reponer el líquido perdido.

Inconvenientes del exceso de sol

El bronceado no es sinónimo de salud, por mucho que nos cueste creerlo. De hecho, un exceso de sol puede ser terriblemente perjudicial. A continuación mencionamos algunas de sus consecuencias negativas:

- Envejecimiento prematuro de la piel: aparición de arrugas, manchas, etcétera.
- Mayor predisposición a sufrir cáncer de piel.
- Quemaduras más o menos fuertes con el consiguiente deterioro de la piel.
- Insolaciones.

49

¿Qué debemos hacer si nuestro hijo se quema?

Las quemaduras pueden tener consecuencias realmente funestas y por desgracia se cuentan entre los accidentes más habituales que sufren los niños. Pueden ser provocadas por un líquido caliente, por productos químicos, por un exceso de sol, por la radiación, por un aparato eléctrico o, por supuesto, por el fuego. Las quemaduras pueden ser de primer, de segundo o de tercer grado. Las de primer grado, las menos graves, provocan un enrojecimiento de la piel. Las de segundo grado causan una lesión tisular que permite la acumulación de líquido bajo la piel y la formación de ampollas. Las de tercer grado, las más graves, son aquellas en las que se quema el tejido dérmico.

Cómo debemos actuar

1. En caso de quemadura seria o extensa:

- Mantenga a su hijo acostado.
- Desvístalo, a menos que la ropa esté pegada a la piel.
- Cubra la quemadura con un paño limpio.
- Manténgalo abrigado.
- Busque ayuda.
- No le ponga ni gasas ni pomadas.

2. En caso de quemadura menos seria:

- Ponga la parte quemada bajo el grifo del agua fría o aplíquele hielo durante un buen rato.
- Lave la zona afectada con un jabón suave.
- Aplique un ungüento para quemaduras o un poco de vaselina (no utilice nunca mantequilla o grasa, ya que puedenprovocar una infección).
- Cubra la herida con una gasa esterilizada. Sujétela con un trozo de esparadrapo pero sin apretar demasiado.
- Coloque a su hijo de forma que la parte quemada quede elevada con respecto al resto del cuerpo. Ello facilitará el drenaje.
- Intente que el pequeño no se mueva mucho, así sanará más rápidamente.
- Cambie la gasa diariamente. Para retirarla, mójela con abundante agua fría.
- No reviente las ampollas, ya que sirven para proteger la zona quemada. Retire solo la piel muerta que no forme parte de la ampolla.

Algunas precauciones que debemos tomar

1. No deje nunca a su hijo solo en la cocina.
2. Mientras esté cocinando, no deje la cocina desatendida.
3. Utilice un protector de fogones, para que su hijo no pueda acceder a ellos.
4. No deje mecheros ni cerillas en lugares donde los niños puedan encontrarlos.
5. Ponga el calentador en un lugar elevado, para que el niño no pueda alcanzar la llama.
6. Evite las exposiciones prolongadas al sol.
7. No deje productos químicos al alcance de los niños.
8. Coloque protectores en los enchufes, para evitar que su pequeño reciba una descarga eléctrica.
9. No deje bebidas calientes al alcance de los niños ni desatendidas.
10. Cuando llegue la época de las verbenas o fiestas mayores, guarde bien los cohetes, petardos y fuegos artificiales.

Señales que deben alarmarnos

- La presencia de áreas de piel que adquieren una tonalidad oscura o grisácea, ya que probablemente se trate de quemaduras de tercer grado.
- Ya hace una semana que nuestro hijo se quemó y la quemadura no mejora.
- Nuestro hijo se queja de dolor persistente a pesar de que le hemos administrado paracetamol o aspirina.
- Detectamos señales de infección, como hinchazón, pus o enrojecimiento.

- Vemos que las quemaduras cubren más del 10 % de la superficie corporal del pequeño.
- Si nuestro hijo se ha quemado el rostro.
- Si no sabemos qué hacer, aunque la quemadura no sea excesivamente seria.
- Si tenemos alguna duda acerca de la gravedad de la quemadura.
- Si el niño es muy pequeño, ya que su piel es extremadamente sensible.

50

¿Qué pasa si se traga algún objeto?

La ingestión de algún objeto pequeño que no se disuelve, sobre todo durante la fase oral, es decir, cuando el niño se lo mete todo en la boca, es otro de los accidentes a los que deben enfrentarse muchos padres. El principal problema es que, a menos que lo veamos –algo poco probable porque en dicho caso trataremos de impedirlo–, ni siquiera sabremos que nuestro hijo se ha tragado un objeto y mucho menos de qué objeto se trata. Así pues, las únicas pistas serán o bien determinados síntomas o bien la desaparición del objeto en cuestión. Afortunadamente, la mayoría de cuerpos sólidos pasan a través del cuerpo sin causar ningún daño. La cosa se complica, no obstante, si el objeto se queda atascado, algo que ocurre principalmente con los cuerpos irregulares y afilados.

Busque ayuda profesional

- Si su hijo se traga un objeto afilado.
- Si su hijo resuella, babea o tose de forma insistente, ya que podría tener problemas respiratorios.
- Si su hijo vomita, se queja de dolor en el estómago o sus heces están manchadas de sangre, ya que podría tener problemas en el aparato digestivo.
- Si su hijo señala o se toca el lugar donde siente que el objeto está atorado.

Qué debemos hacer en cada caso

1. Si su hijo se traga una espina de pescado o un huesecito de pollo y se le queda atorado en la garganta, déle una galleta o un pedazo de pan seco; en muchos casos al tragar el pan o la galleta la garganta se despeja.
2. Si el objeto que se ha tragado consigue llegar al estómago, lo más probable es que siga su recorrido y acabe siendo expulsado con las heces. Así pues, debemos colarlas hasta que estemos seguros de que el cuerpo extraño ha sido expulsado. Si por algún motivo no estuviéramos convencidos de si lo ha echado o no, se le puede hacer una radiografía.

3. Si se queda atorado en el esófago, debe retirarse con un instrumento especialmente diseñado para ello.

4. Si no consiguiera pasar por el tracto intestinal –algo poco probable– y se quedará atascado en el estómago, puede extraerse con un aparato llamado gastroscopio.

5. Si no estamos seguros de si se lo ha tragado o no, podemos comentarlo con el pediatra y pedirle que le hagan una radiografía. Así sabrán si realmente se lo tragó y, en caso afirmativo, dónde se encuentra.

51

Me da miedo no notar que está enfermo

La mayoría de padres primerizos temen que sus hijos puedan tener algún problema y que les pase inadvertido, sobre todo durante las primeras semanas, cuando se sienten más inseguros con respecto al pequeño. La verdad, no obstante, es que los recién nacidos no acostumbran a tener grandes problemas durante los tres primeros meses de vida, especialmente si las revisiones neonatales han sido normales. Además, es muy difícil que el niño enferme y los padres no se den cuenta, ya que lo normal es que su comportamiento varíe considerablemente.

Cambios de conducta que debemos vigilar

- Come menos de lo habitual.
- Juega menos que de costumbre o parece estar aletargado y apático.
- Llora más.
- Parece triste y apagado.
- Está pálido o tiene mal color de cara.
- Está excesivamente colorado.
- Vomita.
- Tose.
- Tiene diarrea.
- Está muy constipado.
- Parece que tiene problemas para respirar.

Situaciones en las que debemos llamar al médico

1. Tiene fiebre sin ningún motivo aparente.
2. Tiene mal aspecto y se niega a comer.
3. Cuando come se cansa exageradamente, se pone pálido y suda mucho.
4. No aumenta de peso.
5. Vomita abundantemente varias tomas seguidas.
6. Sus deposiciones son líquidas y abundantes y pierde peso.
7. Llora ininterrumpidamente durante horas y no hay forma de consolarlo.
8. Le cuesta respirar a pesar de no estar resfriado.
9. Parece somnoliento y gime continuamente.

52

No sé por qué pediatra decidirme

La elección de un pediatra para nuestro hijo puede llevarnos algún tiempo. Por eso es mejor hacerlo antes de que nazca el pequeño, mientras planificamos nuestra nueva vida. Piense que una vez haya nacido dispondrá de pocos ratos libres, y que a los pocos días de salir del hospital ya tendrá que llevarlo a su consulta, para que le realice un primer examen médico. Si lo desea, puede concertar una visita prenatal, para ver si el médico le gusta, conocer la consulta y plantear cualquier duda que tenga.

Preguntas que debemos hacernos con respecto al pediatra

- ¿Tenemos alguna referencia directa, de amigos o familiares?
- ¿Nos encontramos a gusto y cómodos con él?
- ¿Consideramos que nos dedica suficiente tiempo?
- ¿Soluciona realmente nuestras dudas?
- ¿Cómo responde ante situaciones que para nosotros son importantes?
- ¿Dónde tiene la consulta? ¿Es un lugar céntrico? ¿Nos queda cerca de casa? ¿Está bien comunicada?

- ¿Está bien equipada la consulta? ¿Es cómoda? ¿Nos parece competente el personal?
- ¿Podemos contactar con el médico y con su consulta por teléfono?
- ¿Nos van bien sus horas de visita y de consultas telefónicas?
- ¿Cuáles son sus honorarios?
- ¿Se le puede localizar fácilmente en caso de urgencia?
- ¿En qué hospital trabaja?
- ¿Recibe pacientes sin previa cita?
- ¿Es una persona reconocida por su valía profesional?
- ¿Nos gusta su filosofia?

Cómo aprovechar la consulta al máximo

- Hágase una lista con todas las dudas o preguntas que quiera plantear al pediatra. Las primeras semanas le asaltarán miles de dudas; no se avergüence de ello, le ocurre a todos los padres, sobre todo si son primerizos.
- Trate de ser breve y ordenado. No se vaya por las ramas, ni haga diagnósticos infundados. Limítese a enumerar los síntomas o a plantear el problema.
- Si le receta algún medicamento, pregúntele cómo debe administrárselo, en qué dosis y durante cuántos días.
- Pida hora para la siguiente visita.
- Lleve el calendario de vacunación encima. Recuerde que el pediatra debe firmarlo y poner su sello.
- Si algo no le queda claro, insista.

53

¿Qué es el Muguet?

El muguet es una infección de la boca provocada por el hongo *Candida albicans*. Se manifiesta en forma de manchas blancas de aspecto lechoso que se localizan básicamente en la lengua, las encías y la superficie interior de las mejillas, aunque también puede extenderse a la garganta y el esófago. A través del intestino y de las heces, el muguet puede infectar asimismo la piel que rodea el ano y los genitales. La *Candida albicans* puede encontrarse en la piel, en el aparato digestivo, en las vías respiratorias o en el aparato genital femenino, y afecta a personas con un sistema inmunitario débil o a niños que no han estado nunca en contacto con el hongo.

El muguet y otras manchas con las que puede confundirse

En algunos casos el muguet puede confundirse con una ligera pátina blancuzca completamente normal que se extiende sobre todo por el paladar. Se trata de pequeños quistes de grasa que desaparecen con el tiempo de forma espontánea. Veamos en qué se diferencian del muguet:

1. Las manchas del muguet presentan un ligero relieve y son de color amarillo blancuzco, como la flor que da nombre al trastorno. Los quistes de grasa, por su parte, presentan el aspecto de un velo blanco muy delgado y con los bordes difuminados.
2. La infección debida al hongo produce auténticas manchas, claramente diferenciadas del resto de la mucosa, un tejido muy delicado que recubre el interior de la boca.
3. Cuando se trata de muguet, la mucosa se halla enrojecida e inflamada. En el caso de los quistes, la mucosa de la boca sigue manteniendo su tonalidad rosada.

Cómo podemos curarlo

- Si la infección se encuentra en su fase inicial, basta con disolver una cucharada de bicarbonato en un litro de agua previamente hervida y limpiar el interior de la boca del pequeño varias veces al día. Emplearemos siempre una gasa esterilizada.
- Si la infección se ha extendido, consultaremos al pediatra. Él nos recetará el fármaco antimicótico más indicado. Son muy eficaces e inocuos, ya que actúan por contacto y por tanto no son absorbidos por el organismo del recién nacido.
- No debemos tratar de eliminar las manchas blancas con la mano o con algo áspero, porque podríamos hacer sangrar la parte infectada y empeorar la situación.

54

¿A qué se debe la luxación de cadera?

La luxación congénita de cadera es un defecto de la articulación formada por la cabeza del fémur (el hueso del muslo) y la cavidad de la pelvis que la acoge (acetábulo). Cuando estas dos partes articulares no encajan perfectamente, existe la posibilidad de que la cabeza del fémur se desplace hacia arriba, sobre todo cuando el pequeño empieza a ponerse de pie y a dar sus primeros pasos. El diagnóstico precoz es muy importante, ya que si no se corrige de inmediato esta anomalía puede provocar lesiones en los huesos y asimetría en las extremidades inferiores. Por ello actualmente se efectúa un examen rutinario en el momento de nacer y una ecografía de cadera a las pocas semanas de vida.

Tipos de luxación congénita de cadera

1. **Displasia:** La cadera está bien situada, pero es luxable debido a una alteración en la estructura del acetábulo. Es el tipo más frecuente.
2. **De presentación rara:** La cadera está algo luxada, pero se puede recolocar en su lugar fácilmente.

3. **Luxación completa:** La cadera está totalmente luxada y no puede reducirse. Es la menos habitual.

Factores que aumentan la probabilidad de sufrir esta dolencia

- **El sexo:** Las niñas son más propensas que los niños.
- **Número de hijos:** El primero tiene más probabilidades de padecerla.
- **Tipo de parto:** Los niños que nacen por cesárea o que se presentan de nalgas parecen ser más propensos.
- **Líquido amniótico:** A menor cantidad de líquido amniótico, más propensión a sufrirla.

Las distintas maniobras o exámenes previos

- **Maniobra de Ortolani:** Movimiento que consiste en flexionar y separar suavemente los muslos del pequeño para comprobar que la articulación no salta, sino que recupera su posición normal. Este examen se realiza en el momento de nacer.
- **Maniobra de Barlow:** Movimiento inverso al de la maniobra de Ortolani que permite comprobar si el fémur sale de su localización habitual o no. Este examen se realiza junto con el anterior.
- **Ecografía de cadera:** Método de diagnóstico seguro y no agresivo, muy aconsejable como medida de control.

Permite ver si la cabeza del fémur está perfectamente centrada respecto a la pelvis o no. Se realiza a las pocas semanas de vida.

● **Radiografía:** Se realiza a los 3 o 4 meses de edad, cuando existen dudas acerca del diagnóstico y no se ha realizado la ecografía de cadera.

Medidas correctoras que debemos aplicar

El diagnóstico precoz de la displasia congénita y la adopción inmediata de las medidas correctoras apropiadas evitan que llegue a producirse una luxación. No hay que olvidar que los lactantes están poco formados desde el punto de vista óseo, por lo que los métodos correctores tienen la mayor eficacia posible.

● Se emplean aparatos ortopédicos correctores que mantienen la extremidad inferior en una posición correcta respecto a la pelvis. La forma del separador –nombre que recibe este aparato– y el tiempo que debe llevarse varían de acuerdo con el grado de gravedad de la displasia.

● El niño no debe empezar a andar hasta que la cadera esté completamente curada, algo que en los casos más graves no ocurre hasta los 18-24 meses de vida. Este retraso de la deambulación no debe preocuparnos, ya que no perjudicará su desarrollo motor.

● Si el diagnóstico es inmediato y se adoptan en seguida las medidas correctoras, el problema se soluciona en un 98 de los casos. Si por el contrario la displasia se diagnostica cuando el pequeño ya ha empezado a andar, habrá que inmovilizar la extremidad y, en muchos casos, recurrir a una intervención quirúrgica que no garantiza una recuperación completa.

55

Creo que mi hijo tiene apendicitis

La apendicitis o inflamación del apéndice es un trastorno bastante común que puede tener graves consecuencias. Afortunadamente, no es frecuente en los bebés, pero puede llegar a producirse. El apéndice es una prolongación del intestino ciego que se encuentra localizado en la parte inferior derecha del abdomen, en el extremo opuesto al recto. La inflamación se produce porque el apéndice queda obstruido por lombrices intestinales, restos de heces, semillas de fruta, etcétera. Si el niño no recibe asistencia médica, el apéndice seguirá inflamándose hasta llegar a perforarse, complicación que puede provocar una peligrosa infección en el interior del abdomen, es decir, una peritonitis. La única forma de curar al niño es extirpándole el apéndice. Es una intervención que requiere anestesia general pero que es relativamente sencilla y no suele durar más de treinta minutos. En una semana el pequeño estará recuperado y no tendrá ninguna secuela.

¿Cómo debemos actuar?

1. No debemos tratar de calmar los dolores, ya que los efectos del calmante podrían disfrazar los síntomas y confundir al médico.
2. Tampoco hay que aplicar calor en la zona afectada, porque puede facilitar la propagación de la infección.
3. Debemos coger al niño y llevarlo de inmediato al pediatra o al hospital más cercano.

Síntomas que ayudan a identificar la apendicitis

- El primer síntoma es un dolor constante en la zona del ombligo.
- Pasadas unas horas, dicha molestia se traslada a la parte inferior derecha del abdomen, por encima de la ingle. Dicha zona puede estar más dura de lo habitual.
- El niño puede reaccionar encogiendo la pierna sobre el vientre. Si camina puede hacerlo cojeando o doblando el tronco porque es incapaz de mantenerse erguido.
- Cuando lleve un rato teniendo molestias podemos efectuar la siguiente prueba: le tumbamos en la cama y con los dedos presionamos suavemente por encima de la ingle derecha. Luego retiramos los dedos de repente; si el pequeño siente una punzada es muy probable que se trate de apendicitis.
- Pueden presentarse también otros síntomas, como náuseas, vómitos biliosos (verde amarillentos), estreñimien-

to o diarrea, falta de apetito, abatimiento y febrícula (nunca superior a los 38 grados).

56

¿Cuáles son los síntomas de la pulmonitis?

Los niños son más propensos a padecer pulmonías u otras enfermedades del aparato respiratorio, sobre todo durante los dos primeros años de vida, cuando su sistema inmunitario todavía no se halla perfectamente desarrollado. Afortunadamente, hoy en día la pulmonitis, una enfermedad que durante años se consideró una amenaza para la salud tanto de los mayores como de los más pequeños, es muy fácil de curar. La pulmonitis puede tener dos orígenes, uno bacteriano y otro vírico, en general menos grave.

Síntomas que deben ponernos sobre aviso

- Pérdida del apetito de un día para otro.
- Cansancio y falta de fuerzas.
- Tos seca.

- Fiebre alta.
- Respiración dificultosa o acelerada.
- El tórax sube y baja con mucha rapidez.
- Agujeros de la nariz ligeramente dilatados.
- Vómitos causados por el exceso de mucosidad.
- Dolor en el pecho.
- Dolor estomacal.

Tipos de pulmonías

1. **Bacteriana:** Aparece cuando las bacterias que suelen estar presentes en las vías respiratorias se multiplican. Por eso afecta básicamente a aquellos que tienen un sistema inmunitario débil.
2. **Vírica:** Se contrae por contagio, al estar en contacto con una persona que padece la enfermedad. Puede desarrollarse a partir de un solo foco o de distintos focos. Dicha dolencia ataca los alvéolos pulmonares o los intersticios.
3. **Bronconeumonía:** Se produce cuando la infección ataca los bronquios y zonas de tejido pulmonar.

Tratamiento aconsejado en cada caso

Pulmonía bacteriana:

1. El médico le recetará un antibiótico, por regla general uno que sea eficaz contra varios tipos de bacterias. Debemos seguir administrando el antibiótico el tiempo indicado por el médico, aunque el niño mejore o pa-

rezca totalmente recuperado; de lo contrario, podría recaer.

2. Si el pequeño tiene pocos meses de edad o presenta alguna complicación, deberemos hospitalizarlo.

Algunos consejos para prevenir la pulmonía

- No debemos fumar en la habitación del niño, ni hacerle frecuentar ambientes cargados de humo. Debemos tener presente que el humo irrita las vías respiratorias y las hace más vulnerables.
- Debemos intentar que la habitación del pequeño esté siempre limpia, para que respire la menor cantidad de polvo posible. No pondremos ni cortinas pesadas ni alfombras, ya que captan mucho polvo, y limpiaremos a menudo los peluches.
- Si tenemos una chimenea, nos aseguraremos de que funcione correctamente, porque de lo contrario se produciría una acumulación de humo.
- No debemos sobrecalentar nuestra casa, ni abrigar a nuestro hijo más de lo necesario.

Pulmonía vírica:

1. Intentaremos que beba muchos líquidos; de este modo las secreciones ocasionadas por la inflamación de los bronquios y los pulmones se fluidifican con mucha más facilidad y le resultará más sencillo expelerlas. En prin-

cipio tiende a curarse por sí sola al cabo de un par de semanas.

2. Si el médico lo indica, podemos darle algún jarabe expectorante.

57

¿Es grave la rubéola?

Varias de las enfermedades que afectan a los niños durante los primeros años se caracterizan por la aparición de manchas rojas en la piel. Entre ellas está la rubéola, una enfermedad infecciosa bastante común entre los seis y los doce meses de edad provocada por un virus. Es inofensiva y desaparece por sí sola pasados unos días, pero si la contrae una mujer embarazada durante los tres primeros meses de gestación puede causar malformaciones en el feto. Por esta y otras razones se aconseja la vacunación.

Que debemos hacer

- Para bajar la fiebre podemos darle paracetamol o acetaminofén.
- Debemos observar al pequeño muy atentamente, por si aparecieran otros síntomas.

Síntomas que nos ayudarán a identificarla

- Fiebre alta que persiste durante unos cuatro días.
- Cuando la fiebre baja, aparece una erupción formada por una mezcla de manchas pequeñas y grandes, de color rojo y muy definidas. Al principio suelen aparecer en la cara, detrás de las orejas y en el cuero cabelludo, y luego se extienden por el resto del cuerpo. Desaparecen al cabo de un par de días.

- Si al niño le apetece, podemos permitirle que realice una actividad moderada, ya que ello no le perjudicará.
- En cuanto desaparezca la erupción, pasados uno o dos días, puede empezar a hacer vida normal.

Debemos ponernos en contacto con el médico

- Si nuestro hijo tiene aspecto de estar muy enfermo.
- Si los síntomas propios de la rubéola se presentan acompañados de tos, vómito o diarrea.
- Si la fiebre persiste durante más de cuatro días.

58

Mi hijo tiene cólicos

El cólico del lactante es un fenómeno muy corriente que pone a prueba la paciencia de los padres. Es una crisis dolorosa que suele manifestarse a partir de la segunda o tercera semana de vida para luego desaparecer, como por encanto de magia, alrededor del tercer mes. No se sabe con certeza qué lo provoca, aunque existen varias teorías al respecto. Si nuestro hijo sufre este trastorno lo mejor que podemos hacer es armarnos de paciencia, tratar de calmarlo y consolarnos pensando que no durará siempre.

Algunas soluciones para el niño

Ante todo, debemos tener claro que no existe ningún método infalible o mágico. A continuación enumeramos algunas ideas que puede probar. Sobre todo, no se desespere ni se sienta culpable. Si le da todo su cariño y trata de consolarlo, está haciendo lo que debe.

- Acarícielo tiernamente.
- Ponga música suave.
- Háblele con dulzura.
- Mézalo.

Cómo podemos identificarlo

- Por regla general tiene lugar después de la última toma de la tarde o de la noche, y suele repetirse casi cada día a la misma hora.
- Durante la crisis el pequeño llora desconsoladamente y da la impresión de sufrir mucho. El llanto puede durar varias horas.
- Suele tener el rostro pálido y sudoroso, o enrojecido.
- A menudo flexiona las piernas, doblándolas contra el abdomen, y aprieta fuertemente los puños.
- Tiene el abdomen tenso y duro.
- A veces el llanto se inicia mientras está comiendo.

- Paséelo por casa.
- Frótele la espalda.
- Déle un masaje suave en la zona abdominal. Realice ligeros movimientos circulares para relajar la musculatura y facilitar la salida del aire.
- Ofrézcale el chupete.
- Coloque al bebé boca abajo, con el estómago sobre sus piernas.
- Intente que eructe.
- Intente que coma poco a poco, para que trague el mínimo de aire.
- Apliquele calor sobre el abdomen.
- Déle una infusión caliente, como la manzanilla. En el mercado existen preparados naturales específicos para este fin.

- La madre puede probar a dejar de beber leche de vaca durante una semana, aunque esto funciona en muy pocos casos.

Algunas soluciones para los papás

- Deje que otra persona se haga cargo del niño durante un rato y salga a pasear o quede con algún amigo. De lo contrario, acabará histérico y cuando se produzca la siguiente crisis será incapaz de hacerle frente.
- Hable de su frustración y de lo que siente con otras personas.
- No se sienta culpable. Oír llorar a un bebé es realmente desesperante, sobre todo cuando es el nuestro y no conseguimos consolarlo hagamos lo que hagamos.
- Piense que el niño sufre y necesita su ayuda; no lo hace para fastidiarle ni para desesperarle.
- Cuando finalmente consiga calmarlo, celébrelo con su pareja. El problema debe unirles, y no separarles.

Casos en los que debemos recurrir al pediatra

1. El bebé sigue llorando pasadas cuatro horas y no hay manera de consolarlo.
2. Además de llorar, el niño tiene fiebre, escurrimiento nasal, tos, vómito u otros síntomas preocupantes.
3. El pequeño ha cumplido ya los cuatro meses y los cólicos no desaparecen.

Distintas teorías acerca de sus posibles causas

- Según algunos investigadores son debidos a un sueño desorganizado o, lo que es lo mismo, a que el niño sufre pesadillas con los ojos abiertos.
- Otros creen que dependen de la alimentación materna y que lo sufren niños que son amamantados y cuyas madres beben leche de vaca de forma regular.
- También existe la hipótesis de que los cólicos son debidos a una sensibilidad especial en el niño y que afecta a aquellos que tienen un temperamento más tenso y se asustan fácilmente.
- Finalmente hay especialistas que creen que se deben a la retención de un exceso de aire en el intestino.

59

¿En qué consiste el sarampión?

El sarampión es una enfermedad infecciosa provocada por un virus. No es fácil detectarlo, porque puede confundirse con un simple resfriado. Es altamente contagioso ya que su incubación dura entre 11 y 15 días sin mostrar ningún síntoma, y el virus puede transmitirse desde 6 días antes de que aparezca la erupción hasta 2 o 3 días después de haber desaparecido por completo. Se transmite por medio de la saliva y a través de las vías respiratorias. El sarampión puede manifestarse incluso en niños que han sido vacunados, aunque en dicho caso sus efectos serán más leves. Los bebés menores de un año suelen ser inmunes, aunque pueden contraerlo, y la vacuna generalmente se pone alrededor de los 15 meses. De todos modos, las manchas del sarampión no dejan marcas y, una vez superado, el que lo padece queda inmunizado de por vida.

Síntomas característicos

- Al principio aparecen manifestaciones de tipo catarral: tos, ojos llorosos y enrojecidos, secreción nasal, décimas de fiebre.
- También se notan las manchas de Kóplik, unos pequeños puntos de color blanco grisáceo que aparecen en la cara interna de las mejillas, en la zona de las muelas.
- El cuarto día la fiebre sube bruscamente hasta alcanzar los 39 o 40 grados centígrados y aparece la erupción cutánea, que se inicia detrás de las orejas, en el rostro y en el cuello, y se extiende luego por el resto del cuerpo (excepto en las palmas de las manos y en los pies). Son manchas más o menos grandes, de color rojizo y ligeramente abultadas que no contienen líquido. Poco a poco van agrupándose llegando a tener un tamaño considerable.
- El niño se muestra especialmente sensible a la luz.

Cuidados especiales para mitigar las molestias

- Adminístrele paracetamol en gotas cuatro veces al día. De todos modos, antes de administrar cualquier fármaco debemos consultar al pediatra, por si el niño presentara alguna circunstancia anormal.
- Oblíguele a guardar cama, aunque sienta deseos de incorporarse. El reposo le hará bien.
- Deje la habitación en penumbra, corriendo las cortinas, bajando la persiana o cerrando los porticones. Recuerde que ahora sus *ojos* son muy sensibles a la luz.
- Límpiele los *ojos* con suero fisiológico estéril y una gasita limpia. Retire las posibles legañas con agua hervida o con manzanilla. Debe hacerlo siempre de dentro hacia afuera, y utilizar una gasa o algodón distinto para cada ojo.
- Si tienen la calefacción encendida porque es invierno y hace frío, puede utilizar un humidificador, para mantener el grado de humedad adecuado en todo momento. De este modo le resultará más fácil respirar.
- Ofrézcale muchos líquidos, sobre todo zumos. Así evitará que se deshidrate.
- Déle miel. Le suavizará la garganta y le ayudará a mitigar la tos.
- Si le pica mucho, déle un baño. Le calmará el picor y hará que la fiebre descienda. Con una esponja, y con mucho cuidado, rocíele el cuello y los hombros.

Complicaciones más habituales

El sarampión no es una infección grave, pero conviene tratarla de forma inmediata y contundente para evitar posibles complicaciones que sí podrían revestir seriedad. Por esa misma razón la vacuna contra el sarampión está incluida en el calendario oficial de vacunaciones del Ministerio de Sanidad. Entre las posibles complicaciones cabe mencionar las siguientes:

- Neumonía.
- Infección de oído.
- Coagulación de la sangre.
- Infección de pulmones o cerebro.
- Encefalitis esclerosante subaguda (demencia).

IV. Los misterios del llanto infantil

60

¿Debo coger a mi bebé siempre que llore?

Lo más probable es que los abuelos, familiares y otros allegados le llenen la cabeza con frases como: «Si le coges en brazos cada vez que llore lo viciarás», «Son muy listos y antes de que te des cuenta te tendrá dominado», «Ni se te ocurra mecerlo para dormirlo o estarás perdido», «Si le haces demasiado caso te saldrá un niño mimado».

La verdad, no obstante, es que no hay ningún motivo para dejar llorar a un bebé durante el primer año de su vida. Los gritos y el llanto son los únicos medios de que dispone para hacernos saber que algo le molesta, ya sea física o psicológicamente, y que nos necesita. Lo lógico, pues, es responderle acudiendo a él. De este modo conseguiremos que adquiera confianza tanto en nosotros como en sí mismo. Ya habrá tiempo para sentar normas y educar; por ahora concéntrese en darle lo mejor de usted mismo y en establecer un vínculo afectivo fuerte y estable.

¿Qué se supone que debemos hacer?

A veces basta con cogerlo en brazos y mecerlo un poco, pero otras veces no. A continuación sugerimos algunas ideas que pueden servirle de guía.

1. Actividades suaves y rítmicas

La mejor manera de ayudarle a relajarse es realizar una actividad rítmica y tranquilizante.

- **La succión:** Se concentrará en succionar y eliminará las señales externas. Puede aprender a calmarse él solo chupándose los puños, los dedos, el pulgar o el chupete. Así pues, le dejaremos las manos libres.
- **Sonidos:** Los bebés tienen muy desarrollado el sentido del oído. Algunos sonidos bloquean los estímulos, tanto del interior como del exterior del cuerpo; de este modo consigue relajarse y quedarse tranquilo.
  - Háblele suavemente.
  - Cántele en voz baja.
  - Ponga la televisión en un canal no ajustado (es un sonido parecido al que hacemos al freír algo).
  - Póngale música clásica o música específicamente pensada para relajar a los recién nacidos.
  - Conecte el aspirador.
  - Abra un grifo y deje correr el agua.

2. Movimientos

Actúan como inhibidores de las molestias menores; el movimiento rítmico, por su parte, estimula el sistema vestibular.

- Ande por la casa con el bebé en brazos.
- Coloque al niño en la mochila portabebés, abríguelo bien si hace frío, y salga con él a pasear por el parque más cercano. El sonido del viento, los olores de la tierra y las plantas, y el canto de los pájaros lo calmarán.

- Siéntese con él en una mecedora.
- Colóquelo en la mochila portabebés y siga con sus quehaceres domésticos. Puede utilizarla desde el primer día.
- Siéntelo sobre su falda y mueva rítmicamente las piernas.
- Póngalo en el cochecito y lléveselo a dar una vuelta.
- Dése un baño caliente con él. Les calmará a los dos.
- Meza rítmicamente la cuna.
- Los paseos en coche tienen también un efecto tranquilizante, incluso cuando el niño es un poco mayor, pero deben ser el último recurso. El balanceo y el ronroneo del motor son infalibles.

3. Estimulación visual

Como ya son capaces de ver, a veces se quedan encandilados si ven algo chillón o que les llama la atención.

- Móviles o colgantes de colores.
- Dibujos con muchos colorines colocados en las paredes interiores de la cuna.
- Sacarlo de la cuna y sentarlo en la sillita, en algún lugar de la casa donde haya más estímulos luminosos o visuales.

4. Inmovilización

A veces los recién nacidos necesitan sentirse bien abrigados y protegidos, como cuando se encontraban dentro del útero.

- Envuélvalo en una manta limitando sus movimientos, como si fuera una momia pero con los brazos libres. Pue-

de ayudar a controlar una respuesta de sobresalto hipe-
ractiva y evitar la explosión del llanto.

- Desabróchese la ropa, túmbese en la cama y colóquelo
  sobre su tórax, piel con piel, preferiblemente sobre su
  lado izquierdo, para que pueda oír los latidos de su corazón, y tápelo con una sábana o manta bien calentita.

61

¡Ojalá supiera por qué lloras!

El llanto es el único instrumento de que disponen los recién
nacidos para comunicarnos sus necesidades; el problema
es que con él pueden expresar cosas muy distintas. Por eso
cuando nuestro hijo rompe a llorar y no sabemos lo que le
pasa, nos ponemos nerviosos y nos desesperamos, cuando
lo que realmente deberíamos hacer es escuchar atentamente al pequeño e intentar distinguir el tipo de llanto. Así
pues, si queremos ayudarle de verdad a solucionar el problema debemos aprender a comprender sus distintas formas de llorar.

Tipos de llanto, sus causas y algunos remedios

1. **El niño tiene frío:** Tiembla, tiene escalofríos y su piel, especialmente la de los labios, manos y pies, adquiere un tono azulado.
   - Le pondremos a dormir boca abajo, ya que de esta forma mantendrá más el calor; lo taparemos bien y nos aseguraremos de que no hay corriente de aire.

2. **El niño tiene calor:** Parece irritado, está agitado y se queja. Tiene el cabello, la parte posterior del cuello y la espalda empapados en sudor. Respira muy deprisa y parece sofocado.
   - Por regla general, los padres cometen el error de abrigar a su bebé de forma exagerada. Le destaparemos un poco y, si fuera necesario, le quitaremos un poco de ropa o se la cambiaremos por otra más fresca.

3. **El niño tiene sed:** Sobre todo cuando hace calor o si el niño lleva demasiada ropa. También puede ocurrir si cometemos el error de poner más medidas de leche de las indicadas en el biberón, para que sea más concentrado. El llanto se parece al de un bebé hambriento, pero no se calma cuando le ofrecemos de comer.
   - Ofrézcale agua. Si el ambiente está muy seco a causa de la calefacción, utilice un humidificador, y ponga el termostato más bajo. Si en su habitación hace demasiado calor, llévelo a otra habitación y ventile la suya. Si el problema es la concentración de los biberones, haga caso de las indicaciones que aparecen en la caja o bote.

4. **El niño tiene hambre:** Suele iniciarse con crisis de llanto cortas que se intensifican gradualmente hasta convertirse en un llanto de verdadero dolor lleno de rabia. A veces el pequeño abre la boca y la mueve como si quisiera encontrar el pezón o la tetina.

   ● Déle de comer. Debemos dejar que sea él quien imponga sus ritmos de alimentación, en vez de ser excesivamente rígidos con el horario, y procurar que no llegue a la hora de comer demasiado hambriento. Tampoco debemos darle de comer con prisas; necesita tomarse su tiempo.

5. **El niño está cansado o ha recibido demasiados estímulos:** Su irritabilidad suele ir acompañada de lamentos esporádicos. Se le hinchan los ojos, tiene los párpados enrojecidos y tiende a rechazar la compañía de las personas. A veces parece que quiere llorar.

   ● Dejemos de proponerle juegos excitantes y vayamos a dar un paseo relajante. O cojámoslo en brazos, acariciémoslo dulcemente y ofrezcámosle un poco de agua o de manzanilla.

6. **El niño siente algún dolor físico (gases, otitis, dentición, etcétera):** El primer lamento será alto, fuerte y prolongado. Seguirá una pausa larga y acto seguido otro quejido. El niño suele tener la boca abierta de par en par, la lengua arqueada y los pies levantados hacia arriba.

   ● Si averiguamos de qué dolor físico se trata, podemos darle el medicamento indicado. Si dudamos o pasadas un par de horas no se ha calmado, nos pondremos en contacto con el pediatra. Solo él puede diagnosticar el tratamiento más indicado.

7. **El niño se siente incómodo por algo:** Un imperdible o un cierre que se le clava en la piel, una prenda demasiado estrecha, un tejido excesivamente áspero, un olor desagradable, una luz intensa, etcétera, pueden desencadenar el lamento. En este caso el llanto se parece mucho al del apartado anterior.

   ● Revisaremos su vestuario y si descubrimos el motivo de su incomodidad, le pondremos remedio rápidamente.

8. **El niño está aburrido o se siente solo (en bebés mayores de tres meses):** Sus gorjeos suelen transformarse en protestas y lamentos. Su llanto –que parece fingido– va acompañado por profundos ruidos guturales, así como por quejumbrosos lamentos.

   ● Procuraremos distraerlo y estar un poco por él: podemos darle un juguete, cantarle una canción, hacer que se fije en algún ruido, etcétera. No es verdad que el niño deba acostumbrarse a estar solo cuanto antes.

9. **El niño padece cólicos:** El pequeño llora desconsoladamente durante períodos de dos o tres horas casi cada día y a menudo encoge las piernas sobre el estómago.

   ● Debemos armarnos de paciencia y tratar de consolarlo. Probablemente tendremos que utilizar todos los trucos y recursos que conozcamos.

10. **El niño lleva el pañal sucio o mojado:** El pequeño se pone a gritar sin motivo aparente.

    ● Debemos cambiarle el pañal.

11. **El niño tiene miedo:** Rompe a llorar de repente, cuando está a punto de dormirse, se sobresalta y grita asusta-

do. El sistema nervioso del bebé no está completamente formado, por lo que a veces sufre temblores musculares y espasmos repentinos e involuntarios que le asustan.

- Debemos tranquilizarlo con caricias y hablándole suavemente.

62

¿Por qué llora mi hijo en presencia de extraños?

Cada bebé nace con su propio patrón de conducta o manera de ser, de modo que los habrá que pasen por una fase de miedo ante lo extraño –entre los seis y los nueve meses, más o menos– y los habrá que no. Lo mejor es no hacer conjeturas antes de tiempo, esperar a ver cómo reacciona nuestro hijo y ayudarle a superar el miedo en caso necesario. Piense que incluso en el peor de los casos será una fase transitoria.

Distintos patrones de conducta

A. Niños que probablemente no mostrarán una reacción negativa ante los extraños:
- Aquellos que se adaptan rápidamente a los cambios o a las nuevas situaciones.

- Aquellos que son sociables y extrovertidos.
- Aquellos a los que les gusta descubrir cosas nuevas.
- Aquellos a los que les gustan los retos.
- Aquellos que están acostumbrados a ver gente.

B. Niños que pueden mostrarse un poco cautelosos ante los extraños:

- Aquellos que son un poco tímidos.
- Aquellos que son un poco introvertidos pero están acostumbrados a relacionarse con gente.

C. Niños que probablemente reaccionarán de forma negativa ante los extraños:
- Aquellos que son marcadamente introvertidos.
- Aquellos a los que les cuesta adaptarse a las nuevas situaciones.
- Aquellos a los que no les gustan los cambios.
- Aquellos que no están acostumbrados a relacionarse con otra gente.

Factores que influyen

- El carácter del pequeño.
- El modo de comportarse de los padres.
- El entorno en el que se mueve.
- El tipo de vida que lleva.

63

Chupete sí, chupete no

La mayoría de padres, cuando llega el momento, no saben qué hacer con respecto al chupete. Por un lado han oído decir que es malo, que puede deformarle el paladar a su hijo y crearle un mal hábito. Por otro, que es una fuente de placer inagotable, que les sirve de consuelo y que les ayuda a conciliar el sueño. No es de extrañar que tengan miedo de equivocarse o que discutan y no consigan ponerse de acuerdo entre ellos.

El verdadero problema

Podemos ofrecerle a nuestro hijo un chupete con toda tranquilidad, siempre que él lo quiera. Lo que realmente importa es que se lo saquemos a tiempo, es decir, cuando el pequeño tenga un año y medio o dos. De este modo evitaremos que se le deforme el paladar y que se convierta en un vicio difícil de dejar.

Adiós al chupete

- Empiece quitándoselo durante el día. Solo déselo cuando esté inquieto, tenga algún disgusto o durante la siesta. Si se lo pide, intente distraerlo con algo. También puede probar a decirle que los niños mayores no llevan chupete, que su osito no lleva y preferiría que él tampoco llevase, etcétera.
- Por la noche, cuando ya se haya dormido, quíteselo.
- Cuando, gracias al lenguaje, empiece a ser capaz de expresar sus miedos y tensiones, propóngale que recoja todos los chupetes y que los tire él mismo a la basura. Cuando lo haya hecho, felicítele efusivamente, recuérdele que solo los peques utilizan chupete, y no vuelva a darle uno nunca más. Debe mantenerse firme, o todo lo que haya hecho no habrá servido de nada.

Algunas ideas acerca del chupete

- No le dé el chupete sistemáticamente, para que les deje tranquilos. Resérvelo para las horas de sueño y los momentos difíciles.
- Si da de mamar a su hijo, incluso puede ser positivo que coja el chupete de vez en cuando; así aprenderá a chupar algo distinto al pecho y, cuando llegue el momento, aceptará la tetina del biberón sin problemas.
- Prefiera los modelos anatómicos diseñados por ortodoncistas: son menos agresivos con la boca.
- No impregne nunca el chupete con azúcar, miel, leche condensada u otras sustancias dulces, ya que podría dañar sus dientes.

64

Si me pongo nerviosa porque llora, ¿lo nota?

Cuando un niño llora, todo aquel que se encuentra en la habitación o cerca de él se pone nervioso, lo reconozca o no. Y durante las primeras semanas de vida, el pequeño llora mucho, algo perfectamente normal teniendo en cuenta que ha pasa-do de vivir en el útero –donde reina el silencio, las condicio-nes ambientales son estables y sus necesidades básicas están cubiertas– a vivir en el mundo exterior –donde hay ruidos, cambios de temperatura, luz, movimientos, y donde debe expresar sus necesidades, etcétera–. Este periodo de adapta-ción puede ser breve o más o menos largo, según el tempera-mento del niño.

Al llanto hay que añadir la alimentación, los cambios de pañales, el baño y los cuidados básicos, tareas suficientes como para dejar agotada a toda la familia. Lo normal, pues, es que uno acabe poniéndose nervioso y tenso, algo que el niño notará inmediatamente y que puede repercutir en su comportamiento.

Qué podemos hacer

- No se desanimen: a todos los padres les pasa lo mismo al principio. Poco a poco, sin embargo, y aunque ahora les parezca imposible, irán dominando la situación y todo resultará más sencillo.
- Los primeros días, intente evitar las visitas, sobre todo si son de compromiso o de gente que le carga un poco. Cuando le esté dando de comer o descansando, desco-necte el teléfono o deje puesto el contestador.
- Si está desesperado o se pone muy nervioso, hable con su pareja o con un amigo. Así se desahogará, descargará la tensión y podrá seguir atendiendo a su pequeño. Si puede, escápese un ratito y vaya a dar una vuelta.
- Repita para sus adentros que lo está haciendo muy bien –porque seguro que lo está haciendo muy bien– y que las dudas que le atormentan son fruto de la inseguridad.

Si al niño le ocurre algo de verdad lo notará, de eso puede estar seguro.

- No sea excesivamente duro consigo mismo. Es normal que a veces pierda los nervios, nos ocurre a todos, de modo que no tiene por qué sentirse culpable. Respire hondo y explíqueselo a su hijo: «Papá se ha puesto nervioso y por eso ha subido el tono de voz, pero no pasa nada; ya está mejor y te quiere mucho» o «Mamá se ha puesto histérica, tienes toda la razón. Es que es un poco novata, como tú. Pero te quiere un montón y está encantada contigo, cosa bonita». El pequeño captará el mensaje y se calmará.

V. El hábito del sueño

65

Mi hijo apenas duerme durante el día

Al igual que sucede con los adultos, cada niño tiene su propio reloj biológico, por lo que no todos necesitan dormir la misma cantidad de horas. Esto significa que habrá bebés muy dormilones y otros poco amantes del sueño, sobre todo durante el día, y que ambas conductas son perfectamente normales. De todos modos, debemos tener claro que sus hábitos de sueño serán muy irregulares durante los tres primeros meses y que, a la larga, lo que querremos es que descanse bien y de un tirón por la noche.

¿Cuántas horas debe dormir?

● Los recién nacidos suelen dormir 16-19 horas diarias repartidas en períodos de entre 2 y 6 horas. Los primeros meses necesitan emplear toda la energía que obtienen de la leche para crecer, por eso duermen la mayor parte del día.

● Alrededor del tercer mes –sobre todo si les ayudamos un poco– empiezan a adoptar el ciclo día/noche: durante el día duermen 3 o 4 siestas, mientras que su sueño nocturno empieza a durar entre 5 y 9 horas.

- Alrededor de los seis meses duermen unas 14 horas diarias. Las siestas se han reducido a dos –normalmente una a media mañana y otra después de comer o a primera hora de la tarde– y por la noche duermen entre 10 y 12 horas. Si sus hábitos son buenos, dormirá toda la noche de un tirón.
- Entre los 12 y los 24 meses reducirá el número de siestas –solo una, normalmente después de comer– y su sueño nocturno será de 12 o 13 horas seguidas.

Casos en los que debemos preocuparnos

1. Si duerme menos de lo normal (dos horas o tres menos de lo indicado en el apartado anterior) y:
- Está irritable;
- Parece adormilado;
- Está absorto;
- Es incapaz de mantener la atención.

2. Si duerme más de lo normal (dos horas o tres más de lo indicado en el apartado anterior) y:
- No aumenta de peso o crece menos de lo normal;
- Cuando está despierto parece poco activo y le cuesta prestar atención.

66

Me gustaría que durmiera toda la noche de un tirón

La falta de sueño, uno de los trastornos que supone la llegada de un bebé, suele afectar considerablemente a los padres. Durante los tres primeros meses es normal que el niño se despierte una o dos veces durante la noche, pero alrededor de los tres o los cuatro meses esta situación debería cambiar. Hay niños que aprenden solitos y un buen día empiezan a dormir toda la noche de un tirón, pero a otros hay que enseñarles. Sea cual sea su caso, debe tener claro que en la gran mayoría de los casos el insomnio infantil se debe a hábitos incorrectos y que, por tanto, tiene solución.

Método para inculcar un buen hábito de sueño

A. Escoger una serie de elementos externos que nuestro hijo deberá asociar con el acto de dormir: un peluche que le guste, un móvil, etcétera. Le explicaremos que a partir de ese día dormirán con él y se quedarán a su lado durante toda la noche. Mientras esté aprendiendo el hábito deben ser siempre los mismos; así, en cuanto los vea, sabrá que es hora de dormir. Durante la noche tanto los

Características clínicas del insomnio infantil (por hábitos incorrectos)

● Dificultad para iniciar el sueño solo.
● Múltiples despertares nocturnos.
● Sueño superficial (cualquier ruido le despierta).
● Duermen menos horas de lo habitual para su edad.

Son niños totalmente normales, tanto desde el punto de vista psíquico como físico

niños como los adultos nos despertamos varias veces y aprovechamos para cambiar de posición, destaparnos, etcétera. Se trata de espacios de tiempo muy breves que al día siguiente no recordamos. Si cuando esto ocurra el niño ve que todo está como cuando se durmió –él está en la cuna, el peluche está junto a él, el colgante sigue en su sitio–, se sentirá a salvo y volverá a conciliar el sueño sin sentir la necesidad de reclamar nuestra presencia. Los elementos externos también nos serán muy útiles en este sentido.

B. Crear una rutina previa al momento de acostarse: para un bebé, repetición equivale a seguridad.

1. **El baño:** Por regla general les divierte y les relaja. Con ello establecemos una línea divisoria entre el día y la noche. Mientras le ponemos el pijama podemos cantarle una canción, hablarle dulcemente o realizar algún juego sencillo, para acabar de tranquilizarlo.

2. **La cena:** Es mejor no darle de comer en su habitación, para evitar que confunda el comer y el dormir. Debemos asegurarnos de que no se queda con hambre (tampoco es bueno atiborrarle).

3. **La actividad pre-sueño:** Debemos estar un rato con él –entre 5 y 10 minutos– antes de llevarlo a su habitación y meterlo en la cuna. Podemos cantarle una canción, mecerlo mientras le hablamos o contarle un cuento si es más mayorcito. Lo importante es que se sienta querido, a gusto y seguro; solo así conseguirá relajarse y conciliar el sueño.

4. **La cuna:** Entre las 8.30 y las 9 horas debemos dejarlo en su cuna, con el muñeco de peluche, el chupete si lo usa y cualquier elemento externo que hayamos decidido utilizar (volveremos a explicárselo todo). Le daremos las buenas noches, nos despediremos y saldremos de la habitación cuando aún esté despierto.

C. Soportar el llanto unidos: lo normal es que cuando abandonemos la habitación el niño empiece a llorar. Resulta muy duro, por lo que es importante que contemos con el apoyo de nuestro cónyuge. Lo que no podemos hacer es dejarlo solo y esperar que se duerma de puro agotamiento. Le estamos enseñando un hábito, no castigándole. Debe entender que no le hemos abandonado, por lo que entraremos en la habitación pasado un tiempo prudencial, nos acercaremos a la cuna –nada de cogerlo en brazos o acunarle– y le diremos que le queremos mucho, que le estamos enseñando a dormir solito, que tiene a su peluche y su chupete, que todo va bien. Es posible que no nos entienda o que ni siquiera nos oiga a causa del llanto, pero captará el tono de voz. Por eso debemos demostrar seguridad, decisión y tranquilidad: solo así comprenderá que no pasa nada y se calmará. Cada día dejaremos pasar más tiempo antes de entrar en su habitación, tal y como muestra la tabla que incluimos más abajo. Pasados unos días se producirá el milagro.

Tabla de tiempos

Minutos que los padres deben esperar antes de entrar en la habitación del niño cuando este llora

Día	Primera espera	Segunda espera	Tercera espera	Esperas sucesivas
1	1	3	5	5
2	3	5	7	7
3	5	7	9	9
4	7	9	11	11
5	9	11	13	13
6	11	13	15	15
7	13	15	17	17

Estos tiempos valen tanto para cuando se acuesta al niño por primera vez como para cuando se despierta en plena noche. Los tiempos se van alargando progresivamente a medida que pasan los días. Solo debemos seguir acudiendo a su habitación si sigue llorando o quejándose. Si está callado y tranquilo no haremos nada, aunque esté despierto. El mismo método sirve para la hora de la siesta.

Qué ocurre si tiene una recaída

Entre los seis y los nueve meses el bebé empieza a ser capaz de mantenerse despierto por voluntad propia y es normal que muchas veces no quiera irse a la cama. Debemos mantenernos firmes y, si fuera necesario, volver a empezar de cero y aplicar de nuevo el método anteriormente expuesto.

Cosas que nunca debemos hacer

- Saltarnos el método un día porque estamos cansados o nos da pena: al día siguiente el niño hará todo lo posible para que nos lo saltemos otra vez.
- Intentar agotarle: si se cansa demasiado se pondrá nervioso y aún le costará más conciliar el sueño.
- Pensar que el problema se solucionará por sí solo con el tiempo: nuestro hijo cada vez dispondrá de más recursos para reclamar nuestra atención, como llamarnos con voz de pena, poner cara de perrito apaleado, levantarse de la cama, tirar el peluche al suelo, etcétera.

Cómo afecta el insomnio infantil al bebé

- Llora desconsoladamente.
- Está irritable.
- Se muestra malhumorado.
- Desarrolla un sentimiento de dependencia paterna.
- Se siente inseguro.
- Presenta problemas de crecimiento.

Cómo afecta el insomnio infantil a los padres

- Se sienten frustrados.
- Están agotados.
- Se sienten culpables.
- Discuten entre ellos.
- Disminuye su rendimiento en el trabajo.

67

Creo que mi hija confunde el día y la noche

Durante los primeros meses los recién nacidos no distinguen entre la noche y el día, ya que para ellos el día se divide en una sucesión de ciclos de unas tres horas de duración. Alrededor de los tres meses, no obstante, deben empezar a distinguir entre las horas diurnas y las nocturnas, algo que les resultará más sencillo si desde el primer momento vamos sentando algunas bases.

Trucos que podemos emplear

- Enseñarle a distinguir la luz diurna de la oscuridad nocturna:
  - Durante el día póngalo a dormir en un cuco, cerca de usted y sin preocuparse por los ruidos que puedan producirse a su alrededor. Cuando esté despierto, aproveche para jugar con él; así entenderá que se encuentra en una fase de actividad, y no de descanso.
  - Durante la noche póngalo a dormir en su cuna, en su propia habitación (al menos a partir de los tres meses). Procure que la casa esté silenciosa y que su cuarto esté a oscuras. De este modo asociará la cuna con el descanso.
- Procure que las tomas nocturnas sean aburridas: no encienda la luz, no le hable cariñosamente, no lo acune y no le cambie el pañal, a menos que padezca una dermatitis. Limítese a darle de comer y a acostarlo de nuevo. De esta forma le será más fácil renunciar a ellas.
- Cuando se esté quedando dormido, sobre todo por la noche, déjelo inmediatamente en la cuna; el último recuerdo antes de dormirse debe ser la cuna, y no los brazos de papá o mamá.
- Antes de meterlo en la cuna por la noche asegúrese de que esté cómodo: déle tiempo para eructar, cámbiele el pañal, mire si la cama está demasiado fría y compruebe que la temperatura de la habitación es correcta (entre 20 y 23 °C).

¿Qué podemos hacer si en efecto confunde el día y la noche?

Si su hijo hace el período de sueño más largo durante el día y luego se despierta de madrugada, deberá reeducarlo aplicando el siguiente método:

1. Retrase su hora de ir a la cama a razón de 30 minutos por semana, sin forzar al pequeño, para que se vaya adaptando poco a poco.
2. Si la causa del problema es que sus siestas diurnas son excesivamente largas, debe despertarlo antes.

68

No conseguimos que se duerma en su cunita

Si por regla general dormimos a nuestro hijo meciéndolo en brazos, él asociará ese movimiento de vaivén con el sueño y cuando se despierte a medianoche reclamará nuestros brazos, porque los necesitará para volver a dormirse. Es perfectamente lógico. Imagínese que usted se queda dormido en su cama y al despertarse se encuentra en el salón. Seguro que se sentiría desorientado y asustado, y que se desvelaría. Pues lo mismo le ocurrirá a su hijo si lo duerme fuera de la cuna y luego lo deja en ella sin que él vea cómo lo hace.

Trampas en las que solemos caer

- Justificar la actitud de nuestro hijo: no existe ninguna razón para que se niegue sistemáticamente a dormir en su cuna. No debemos hacer caso de lo que nos diga la gente —«Seguro que tiene cólicos», «A lo mejor le están saliendo los primeros dientes»—, ya que no se ha demostrado que ninguna de esas razones pueda alterar el sueño de los niños cuando los hábitos adquiridos son buenos. Piense que siempre encontrará algo para justificarle.
- Pensar que los métodos son muy bonitos en la teoría

Lo que nunca debemos hacer para dormirlo

(Queda claro que nos referimos a niños que han cumplido los tres meses. Durante el primer trimestre todavía no se rigen por los ciclos normales, por lo que deberemos acudir a ellos y cogerlos en brazos siempre que lloren.)

● Cantarle.
● Mecerlo en la cuna.
● Mecerlo en brazos.
● Darle la mano.
● Pasearlo en cochecito.
● Darle una vuelta en coche.
● Tocarle o dejar que nos toque el cabello.
● Darle palmaditas o acariciarlo.
● Darle un biberón o amamantarlo.
● Meterlo en nuestra cama.
● Dejarle trotar hasta que caiga rendido.
● Darle agua.

pero que en la práctica no suelen funcionar: si el método es bueno y lo aplica correctamente no tiene por qué fallar. Lea el que aparece dos capítulos más arriba y póngalo en práctica sin dudarlo un momento.
● Probar cada día un método distinto, para encontrar el que mejor funcione con nuestro hijo. Solo conseguiremos confundir al pequeño y hacer que se sienta terriblemente inseguro, y de esta forma es imposible que aprenda un buen hábito. Es como si para enseñarle a comer

un día le sentara en la mesa, al día siguiente en el suelo y al otro en el sofá.

69

¿Hasta cuándo debe dormir en nuestra habitación?

La llegada de un recién nacido se traduce siempre en pocas horas de sueño y en mucho cansancio para los padres. Así pues, es muy normal que acabemos haciendo cualquier cosa para que el pequeño se duerma y nos deje descansar un poco. A eso hay que añadir que los hijos no vienen con un manual bajo el brazo, por lo que muchas veces no sabemos cómo actuar. En la mayoría de los casos bastará con utilizar el sentido común, pero hay que tener presente también que, a veces, una decisión errónea puede ser causa de futuros conflictos.

¿En nuestra habitación o en la suya?

En un principio las dos opciones son buenas; dependerá de nuestras preferencias y del espacio de que dispongamos.

Si nos inclinamos por la primera, utilizaremos un cuco. En él nuestro hijo se sentirá seguro y protegido. Si lo colocamos cerca de nuestra cama podremos atenderle de forma eficaz y rápida.

Como mucho alrededor del tercer mes, sin embargo, debemos trasladarlo a su propia habitación.

Si no queremos renunciar a nuestra intimidad, si los ruidos involuntarios del pequeño nos molestan o si no disponemos de espacio suficiente en nuestro dormitorio, es mejor que optemos por la segunda posibilidad. La única precaución que deberemos tomar es la de poner un aparato que nos permita oír al pequeño en todo momento.

Qué ocurre si dejamos que duerma en nuestra cama

Como ya hemos comentado más arriba, las primeras semanas suelen ser realmente agotadoras y desesperantes. No sabemos interpretar el llanto de nuestro hijo y no tenemos la experiencia necesaria para improvisar con cierta seguridad. Muchas madres optan por acostar al pequeño en su cama, para poder darle de comer sin salir de la cama y de forma más o menos rápida. No es la mejor opción, pero tampoco tenemos por qué sentirnos culpables si nos hemos inclinado por ella. El hecho de meterlo en nuestra cama los primeros días no le hará ningún daño. Debemos tener claro, no obstante, que dicha costumbre puede convertirse en un mal hábito difícil de erradicar si seguimos permitiéndolo pasadas las primeras semanas, ya que el niño asociará el sueño con nuestra cama y solo conseguirá conciliarlo en ella.

70

¿En qué posición debemos colocarlo para dormir?

«En mi época no nos dejaban acostarlos boca arriba; los médicos decían que en esa posición si vomitaban podían ahogarse», «No lo pongas boca abajo, que puede ahogarse con el colchón», «Está demostrado que la muerte súbita afecta más a los niños que duermen boca abajo», «No le pongas de lado, que no descansará bien.» Si hiciéramos caso de todo lo que se dice, nuestro hijo debería dormir sentado, o no dormir nunca. Y la verdad, resulta más sensato pensar que todas las posiciones pueden ser aceptables. Así pues, en principio podemos acostarlo tanto boca abajo, como boca arriba como de lado; eso sí, teniendo en cuenta sus preferencias y cualquier problema específico que haga más aconsejable una de las posiciones. A partir de cierta edad –ocho o nueve meses– será él quien escoja cómo quiere dormir, y debemos respetarlo.

Ventajas y desventajas de las distintas posiciones

● Durante los primeros días, es preferible que acostemos a nuestro hijo boca abajo; en esta posición conserva mejor el calor corporal y ello hará que se sienta más protegido y más a gusto.

- Por la misma razón es mejor acostarlos boca abajo cuando hace frío –siempre, claro está, que no tengamos puesta la calefacción a tope.
- Si lo acostamos boca abajo, le resultará más fácil expulsar el aire que se haya tragado mientras comía. Así pues, si nuestro hijo suele tener gases, preferiremos esta posición cuando acabe de ingerir alimento.
- Si nuestro pequeño suele vomitar o tiene regurgitaciones, optaremos por acostarlo boca abajo cuando acabe de comer. De este modo evitaremos que el vómito se introduzca en las vías respiratorias y el pequeño pueda ahogarse o contraer una neumonía.
- Cuando hace calor, suelen estar más frescos boca arriba, bien estirados, y sin tapar.
- Cuando no haya ingerido alimento, o si lo ha ingerido pero no suele expulsar gases o vomitar, podemos acostarlo boca arriba o de lado sin ningún miedo. Así se irá acostumbrando a las distintas posiciones y no cargará siempre la misma parte del cuerpo.

Otras consideraciones de interés

- Los niños pequeños no necesitan almohada para dormir. Suele ir incluida en el cuco o la cuna, y en el mercado existen incluso almohadas especialmente diseñadas para evitar que puedan ahogarse. No las utilice.
- El colchón debe ser duro y del mismo tamaño que la cuna, para evitar que las piernas o brazos del niño puedan quedar atrapados entre aquel y la madera.

71

Mi hijo tiene miedo a la oscuridad

Hay niños que dicen tener miedo a la oscuridad, pero únicamente por la noche, cuando se encuentran solos en su habitación y les cuesta conciliar el sueño. En la mayoría de los casos se trata de pequeños que están acostumbrados a dormir con la luz de la mesilla –o la del pasillo, o una de esas que se acoplan a los enchufes– encendida. Lo que les ocurre es que asocian la luz con el sueño; así pues, si se despiertan por la noche y la luz está apagada, la echan de menos y lloran hasta que volvemos a encenderla. No se trata de un problema real, sino de un mal hábito que nosotros, los padres, deberemos corregir. Si nuestro hijo sufre un problema psicológico real, manifestará miedo a la oscuridad a cualquier hora del día, y no solo por la noche cuando llega la hora de irse a la cama.

Cómo combatir este mal hábito

1. Lo primero que debemos hacer es asegurarnos de que nuestro hijo no sufre un problema de miedo patológico. Es un trastorno muy poco habitual y, por tanto, poco probable. Los niños que lo padecen manifiestan mie-

do e inseguridad en multitud de situaciones cotidia-
nas, de modo que es fácil reconocerlo.

2. Descartado el problema anterior, hemos de reeducar el
   hábito de sueño de nuestro hijo, tenga la edad que tenga.
   Para ello pondremos en práctica el método que aparece
   cinco capítulos más arriba, empezando desde cero.

3. Su pequeño sabe muy bien que cuando dice la palabra
   miedo sus padres reaccionan tal y como él quiere. No se
   deje intimidar. Si consigue que supere el miedo se sentirá mucho más seguro y feliz.

Algunas situaciones en las que puede mostrar miedo patológico

- El niño tiene miedo de ir al lavabo solo.
- El niño no soporta quedarse solo en una habitación.
- No le gusta ver la televisión solo, sin alguien a su lado.
- Cuando vamos con él al supermercado, no tolera que lo
  dejemos un momento solo o que nos alejemos demasiado.

72

¡Me gustaría tanto dormir un poco por la mañana!

Cuando un bebé se despierta por la mañana es porque ya ha dormido lo suficiente, independientemente de la hora y del día de la semana que sea. Eso significa que, si normalmente se levanta alrededor de las siete o las ocho, cuando llegue el domingo –el esperado día de descanso–, también se despertará a esa hora. Que la noche antes hemos salido a cenar con unos amigos es nuestro problema; que nos quedamos viendo una película que daban de madrugada es nuestro problema; que nos costó conciliar el sueño porque estábamos terriblemente cansados de toda la semana sigue siendo nuestro problema. Para él es un día más, ha recuperado las fuerzas y está a punto para empezar un nuevo día lleno de emociones.

Si el pequeño llora, grita o nos llama, debemos acudir de inmediato y atenderle, por mucho que nos cueste. Si, por el contrario, se limita a gorjear y no protesta, podemos seguir durmiendo un poco más.

Algunas ideas para ganar horas de sueño

● Póngase de acuerdo con su pareja y túrnense: uno se levantará el sábado y el otro el domingo. De ese modo los dos dispondrán de un día para dormir un poco más.

● Ponga en la cuna de su hijo un móvil, algún colgante, un peluche que le guste, algún juguete de los que se acoplan a la cuna, etcétera. Si tiene algo con lo que entretenerse, cabe la posibilidad de que se quede tranquilo en su cama durante un buen rato.

● Si va sucio, cámbiele el pañal y si tiene hambre, déle el biberón y vuelva a meterlo en la cuna. Una vez solucionado el problema, dejará de sentirse incómodo y es posible que le deje dormir un ratito más.

● Si el problema es que por la mañana entra demasiada luz en su habitación, cierre las persianas, cortinas o porticones la noche anterior.

● Cuando sea algo mayor, puede probar a dejarle alguna sorpresa al pie de la cuna: un libro nuevo, una caja de colores con un cuadernillo para colorear, un juguete nuevo, etcétera. Es muy posible que permanezca en la cuna sin dar señales de vida.

● Cuando sea capaz de comer él solo, puede poner un vaso de leche y unas cuantas galletas en su mesita de noche; la engullirá y, una vez calmado el apetito, quizás vuelva a tumbarse.

● Reserve uno de sus juguetes para momentos muy especiales: el sábado y el domingo por la mañana serán considerados momentos realmente especiales y por tanto dejará que juegue con él.

VI. La higiene y el vestuario de nuestro bebé

73

Quisiera evitar que sufra una dermatitis del pañal

La dermatitis del pañal consiste en una inflamación de la piel que queda recubierta por el pañal, es decir, de la zona genital y de la región glútea. Puede llegar a sangrar o desarrollar puntos blancos y ampollas. Es muy común entre los bebés, por eso debemos extremar las medidas higiénicas en esta zona tan delicada. De todos modos, en la actualidad existen productos farmacéuticos muy buenos que le ayudarán a eliminar el problema en caso necesario.

Principales causas de la dermatitis del pañal

- Contacto con las heces y la orina.
- Infección por hongos.
- Alergia a ciertos alimentos.
- Infecciones bacterianas.
- Virus.

Cómo debemos actuar para eliminar el problema

A. Dejaremos al pequeño sin pañal ni braguita todo el tiempo que sea posible, ya que la humedad no hará sino agravar el problema. El niño sentirá un gran alivio.

B. Como hemos mencionado existen cremas específicamente diseñadas para este problema. De todos modos no debemos iniciar ninguna terapia farmacológica sin antes consultar al pediatra.

C. No debemos emplear cremas que contengan sustancias a base de cortisona ni cremas antibióticas, a menos que lo indique el pediatra.

D. Cambiaremos al niño más a menudo, para evitar los problemas de humedad o suciedad.

Algunas medidas preventivas

- Compraremos pañales de gran absorción, para que el culo de nuestro bebé no esté en contacto con la orina.
- Cuando estemos en casa o durante el verano le dejaremos sin pañal ni braguita siempre que sea posible.
- Cambiaremos el pañal con frecuencia y siempre que notemos que está sucio, aunque acabemos de ponerle un pañal limpio.
- Preferiremos los pañales de algodón y los que no están recubiertos de plástico, ya que permiten una mejor transpiración.
- Cada vez que lo cambiemos, lo limpiaremos bien con agua y le aplicaremos un buen bálsamo, para proteger su piel de la humedad.

74

¿Cuál es el mejor método para esterilizar?

Durante los tres primeros meses, sobre todo si coinciden con el verano, debemos esterilizar los biberones, las tetinas y los chupetes de nuestro hijo. Solo así eliminaremos los posibles gérmenes y evitaremos las temidas infecciones. En general, y en lugares donde las condiciones sanitarias son buenas, a partir del cuarto mes no hace falta seguir esterilizando los utensilios del pequeño, a menos que sea especialmente sensible a contraer infecciones por esta causa.

Puede emplear cualquiera de los métodos existentes, ya que todos son seguros y garantizan una buena higiene.

Distintos métodos para esterilizar

A. En frío

Se basan en la acción de una sustancia química, distinta según la marca de que se trate, que actúa eliminando los gérmenes patógenos. Este método permite una esterilización activa durante 24 horas. Además de eficaz resulta muy cómodo. Basta con sumergir los distintos accesorios en un recipiente con agua al que se añade una pastilla o un poco de líquido especialmente diseñado para esto. Pasados unos minutos ya está todo esterilizado y podemos utilizarlo de nuevo; para retirarlo emplearemos unas pinzas de plástico.

B. En caliente

Estos tratamientos no utilizan sustancias químicas. La destrucción de los gérmenes se produce gracias a las altas temperaturas –100 grados centígrados–, que se obtienen haciendo hervir el agua o por medio del vapor.

1. **Por ebullición:** Los biberones y tetinas se meten en una olla de acero o aluminio llena de agua. Se pone al fuego y se deja hervir el agua durante 5 o 10 minutos.
2. **Por vapor:** En el mercado existen esterilizadores eléctricos, que se enchufan directamente a la corriente, o esterilizadores de microondas, que se meten en dicho aparato. Ambos se basan en el mismo principio: transforman el agua en vapor.

75

¿Cuándo debo empezar a ponerle zapatos?

Las dos funciones básicas de los zapatos son proteger el pie y mantenerlo caliente. Así pues, los niños que todavía no sa-

ben andar no necesitan usarlos –digan lo que digan los demás–, a menos que haga mucho frío y el calcetín no les abri-
gue lo suficiente. Llegado el momento, no obstante, debemos inclinarnos siempre por un buen calzado, ya que los pies
son una parte del cuerpo muy delicada e importante.

Cómo deben ser sus primeros zapatos

- La punta del dedo gordo no debe tocar el borde del zapato. La única manera de comprobarlo es probándole el
calzado al pequeño.
- El zapato debe sujetar bien el talón del bebé, pero sin
llegar a apretarle.
- Debe permitir que el pie se mueva con toda libertad y
naturalidad.
- La suela debe ser flexible y antideslizante.
- No debemos notar las costuras ni el forro al pasar un
dedo por el interior del zapato. Si le hacen ampollas o
heridas es que no le están bien.
- No debemos comprar un número más grande del que
necesita por razones ahorrativas, ni sacrificar la como-
didad por motivos puramente estéticos.
- No debe llevar plantillas anatómicas.
- Cuando lo lleve puesto, hay que poder pellizcar el zapato por la parte en que el pie es más ancho.
- En verano, o cuando haga calor, preferiremos los modelos abiertos o las sandalias. Vigilaremos, sin embargo,
que no se le meta ninguna piedra u objeto dentro, sobre
todo cuando estemos en el parque.

Algunos consejos para cuando empiece a andar

● Caminar descalzo por una alfombra, por la playa o por un campo cubierto de hierba le resultará muy agradable y le ayudará a ejercitar los pies. Así, sin zapatos, su hijo notará mejor el movimiento que realiza con los pies y se sentirá más seguro.

● También puede andar descalzo por el resto de superficies, a menos que pueda dañarse los pies. Si la madera o las baldosas resbalan, podemos ponerle unos calcetines con suela antideslizante.

76

¿Cuándo puedo bañarlo por primera vez?

El baño es un hábito que forma parte de la higiene diaria, pero también debe ser un juego divertido, un recuperar las sensaciones vividas en el seno materno, dentro del líquido amniótico, un momento de relax e intimidad con los padres. Así pues, debemos lograr que nuestro pequeño se sienta seguro y tranquilo, algo que no siempre es tan sencillo como parece a priori.

El primer baño debe realizarse 2 o 3 días después de que le caiga el cordón umbilical, una vez la herida esté bien seca. Antes nos limitaremos a limpiarle el cuerpo con una esponja y un poco de agua tibia.

¿Cuál es el mejor momento?

Podemos bañarlo a cualquier hora del día, preferiblemente antes de una de las tomas. Lo importante es que lo hagamos siempre a la misma hora y siguiendo la misma rutina. Como el baño suele ser relajante, podemos optar por hacerlo a última hora de la tarde, antes de cenar. De este modo a nuestro hijo le resultará más fácil conciliar el sueño. Es importante que no tengamos prisa, que estemos tranquilos, ya que es un momento muy especial. Si es posible, esperaremos a que tanto papá como mamá estén en casa. Ambos tienen derecho a disfrutarlo, y entre los dos la tarea resultará más sencilla.

¿A qué temperatura debe estar el agua?

La temperatura ideal es entre los 36 y los 38 grados centígrados. En el mercado existen muchos termómetros especialmente diseñados para el baño. Algunos son muy divertidos y pueden servir también como juguete. Al principio es mejor que los utilice, para estar seguro de que el agua no está ni demasiado fría ni demasiado caliente. Luego le bastará con poner el brazo dentro del agua. Por lo que se refiere a la habitación, debe estar suficientemente caldeada, entre los 22 y los 24 grados centígrados, ya que el niño no debe notar un cambio repentino de temperatura al meterlo y sacarlo del agua.

Cuidados que precisa su piel

- Séquele la piel con una toalla suave, presionando ligeramente.
- No olvide secarle bien las axilas, los dedos de los pies y los pliegues que se forman en ciertos lugares, como por ejemplo las ingles.
- Si es una niña, lávele la zona genital de delante hacia atrás. Sepárele los labios y pase un trozo de algodón limpio por encima.
- Si es un niño, lávele la zona genital y el pene con mucha delicadeza; evite retirar el prepucio.
- Utilice prendas holgadas y suaves, para que no le rocen o molesten.
- Si se le reseca mucho la piel, utilice solo agua. Si no es así, emplee un jabón específico para niños. Intente que no le entre en los ojos.

¿Con qué frecuencia debemos bañarlo?

Dependerá en buena medida de si le gusta o no. Durante los primeros meses bastará con bañarlo tres veces a la semana. Si se lo pasa bien, no obstante, podemos hacerlo cada día. Al principio lo tendremos en la bañera el tiempo justo para lavarlo (unos cinco minutos, aproximadamente). Cuando sea un poco más mayor –alrededor de los siete meses, cuando empiece a aguantarse sentado– lo dejaremos un rato más, para que juegue con el agua.

Ante todo, seguridad

- No deje nunca al niño solo en el baño, aunque ya se sostenga bien sentado.
- No añada agua caliente cuando el bebé esté dentro de la bañera.
- Nunca deje aparatos eléctricos enchufados en el cuarto de baño.
- Si a su hijo le gusta chapotear, ponga toallas viejas alrededor de la bañera: absorberán el agua que caiga fuera y evitarán que el suelo resbale de un modo peligroso.
- Ponga una alfombra antideslizante en el fondo de la bañera.

Bañarlo o no bañarlo

- Podemos bañarlo aunque tenga fiebre. Después, fresquito y algo aliviado, lo pondremos a dormir en su cuna.
- Podemos bañarlo aunque no haga mucho que ha comido; de todos modos, siempre que podamos preferiremos hacerlo antes de la toma.
- Da igual que estemos en pleno invierno y que fuera haga mucho frío. Si la temperatura del agua y de la estancia es la adecuada nuestro pequeño no tiene por qué

enfriarse. Eso sí, una vez fuera del agua lo secaremos y lo vestiremos lo más rápidamente posible.

Otros consejos útiles

- Antes de meterlo en la bañera, limpie a conciencia los posibles restos de heces y orina; así evitará que se disuelvan en el agua del baño.
- No olvide lavarle debajo de la barbilla. Es uno de los lugares preferidos por la suciedad.
- No introduzca nunca nada ni en los oídos ni en la nariz del pequeño.
- Es verdad que los bebés limpios y perfumados son irresistibles. Sin embargo, no debemos ponerle colonia por todo el cuerpo; bastará con echarle un poco en la cabeza.
- Hay niños que no soportan el ruido que hace el desagüe al vaciarse la bañera; téngalo presente.
- Si puede, deje la toalla, el albornoz y el pijama de su hijo sobre el radiador; a los bebés les encanta sentirse envueltos en calor al salir del baño.
- Al principio no es necesario que le lave el pelo con champú; limítese a enjuagárselo con una esponja pequeña.
- La humedad y el calor favorecen el desarrollo de las bacterias, por lo que debe secar bien las esponjas y cambiar a menudo las toallas.
- En el mercado existen unos artilugios muy prácticos para cuando empiezan a sostenerse sentados y decidimos bañarlos en la bañera grande: son una especie de aros que quedan sujetos a la bañera por medio de ventosas y que sujetan al pequeño. Él estará encantado y usted también, porque no tendrá que sujetarlo destrozándose la espalda.

● Córtele las uñas cuando las vea largas o si las tiene afiladas y se hace arañazos. Los primeros días si le da miedo puede arrancarlas con la boca, ya que son muy débiles. Después utilice unas tijeras de punta redondeada.

Miedo al agua

A. Si su hijo tiene miedo al agua, no insista. Lávelo con una esponja o manopla y, pasados unos días, vuélvalo a intentar. Es muy posible que se trate de un miedo pasajero.

B. Si pasadas unas semanas sigue teniendo miedo, ponga en práctica el método siguiente. Ponga un poco de agua en la bañera –solo unos dedos–, deje que chapotee en ella unos instantes y sáquelo. Vaya aumentando progresivamente la duración del chapoteo. Mientras esté en la bañera háblele con dulzura o cántele su canción favorita.

C. Si llora porque quiere salir, sáquelo. Si hace falta, aclárele la cabeza en la pica del baño.

D. Si el problema se presenta al pasarlo de la bañera pequeña a la grande, pruebe el siguiente truco. Ponga un poco de agua y sus juguetes preferidos en la pequeña y deje que juegue un poco. Mientras llene un poco la grande; traslade los juguetes de una a otra y ayúdele a meterse en ella. Repita la operación, pero aumentando la cantidad de agua, durante varios días.

77

No sé cómo curar su ombligo

Mientras el niño está dentro del útero materno, el cordón umbilical le aporta los elementos necesarios tanto para nutrirse como para respirar. Después del parto, sin embargo, deja de desempeñar dicha función; por eso se corta. El médico coloca una pinza para evitar que sangre y acto seguido realiza el corte. El ombligo puede desprenderse al cabo de cuatro días o pasadas dos semanas. Mientras tanto, mantendremos la zona bien limpia, para evitar que se produzca una infección.

Síntomas que indican la presencia de una infección

- Secreción amarillenta.
- Olor fétido.
- Inflamación de la zona del ombligo.
- Enrojecimiento alrededor del ombligo.

Cómo debemos cuidarlo

1. Lavar la zona con cuidado.
2. Aplicar un antiséptico: alcohol, mercromina, etcétera.
3. Envolver la pinza con una gasa estéril y cubrirlo todo con otra gasa.
4. Para que no se mueva podemos utilizar una venda, un trozo de malla o la parte superior del pañal.
5. Si el tiempo lo permite, después de desinfectarlo podemos dejar la zona destapada, para que le dé el aire.

Cosas a tener en cuenta

- Debemos curar el ombligo dos veces al día.
- Una vez se haya desprendido debemos seguir haciendo la cura durante dos o tres días, hasta que veamos que la herida está completamente seca.
- Cuando la herida esté completamente seca podemos empezar a utilizar la bañera; hasta ese momento lavaremos al pequeño con una esponja y un poco de agua tibia.
- Es normal que el ombligo sangre esporádicamente un poquito durante los 20 primeros días. Si no hay otros síntomas, bastará con limpiar bien la zona.

78

¿Cuánta ropa debo poner a mi bebé?

¿Debo ponerle un jersey grueso o es mejor optar por un pele-le forrado? ¿Tengo que vestirlo por capas o utilizar una sola prenda bien calentita? ¿Cuál es la ropa interior más indica-da? Estas son algunas de las preguntas que todos los padres se hacen, sobre todo cuando llega el invierno. En la mayoría de los casos para hallar la respuesta bastará con dejarse guiar por el sentido común. Debemos tener presente, sin embargo, que hasta cumplir los dos o tres primeros meses nuestro hijo debe llevar algo más de ropa que nosotros, ya que será muy sensible al frío; después proporcionalmente deberá utilizar la misma cantidad de prendas que el resto de la familia. Su cuerpo tiene que estar caliente, pero sin llegar a sudar.

La ropa más adecuada

- El algodón o la seda son los mejores materiales para la ropa que está en contacto con la piel de un recién naci-do; en general, siempre preferiremos las fibras naturales –lana, algodón, hilo y seda– a las fibras sintéticas.
- Debemos inclinarnos siempre por las prendas prácticas, que permitan vestirlo rápidamente y acceder al pañal con

Otras observaciones que debemos tener presentes

- Corte las etiquetas que hay en la parte interna de toda la ropa que esté en contacto con la piel.
- Vuelva siempre los calcetines y los trajes con pies antes de ponérselos al bebé y compruebe que no se haya quedado dentro ningún pelo o hilo.
- Al principio, no lave la ropa del pequeño con la del resto de la familia.
- No utilice jabones agresivos ni suavizante.
- Lave la ropa nueva antes de ponérsela a su hijo.
- Siempre que sea posible, seque la ropa al aire libre.
- Durante las primeras semanas evitaremos la ropa que solo puede ponerse por la cabeza.

facilidad (recuerde que hay que cambiárselo muchas veces al día).
- Preferiremos por este orden las tiras de velcro, los cierres y, finalmente, los botones.
- Lea con atención las etiquetas y descarte automáticamente los modelos que precisen ser lavados a mano, por bonitos que sean.
- Los trajes con muchos lazos y botones pueden ser peligrosos, ya que si se desprenden el pequeño puede tragárselos.
- Tampoco es aconsejable que lleven cintas sueltas, porque podría hacerse daño o incluso ahogarse.
- Prefiera los bodys completos a las camisetas, ya que con las últimas siempre irá enseñando el ombligo.
- Deben tener el menor número posible de costuras.

- La ropa debe quedarle holgada.
- No le ponga prendas de lana en contacto directo con la piel, ya que puede provocar alergia.

79

Mi hijo tiene piojos

Los piojos son unos parásitos diminutos que viven en el cuero cabelludo o cerca de él. Son muy comunes y difíciles de erradicar, especialmente en los colegios donde pasan de un niño a otro sin que podamos hacer nada para evitarlo. Si aplicamos bien el método que nos prescriba el pediatra, no obstante, podemos acabar con ellos de una vez por todas y evitar las temidas reinfestaciones.

Síntomas que nos ayudarán a detectarlo

- Comezón en el cuero cabelludo.
- Erupción con escamas en la parte posterior de la cabeza.
- Mayor volumen de las glándulas linfáticas que se hallan en la base del cráneo.
- Aparición de unos puntitos blancos que están firmemente adheridos al cabello.

Cómo debemos actuar para erradicarlos

1. Vaya al pediatra y pídale que le recete un preparado o champú específico.
2. Empléelo siguiendo las instrucciones hasta acabar con los parásitos. Debe usarlo toda la familia sin excepciones, para evitar posibles reinfestaciones.
3. Peine el pelo del pequeño con un peine de dientes finos, para retirar los huevos que están adheridos al cabello. Los diferenciará de la caspa porque en vez de desprenderse fácilmente están firmemente adheridos al pelo.
4. Lave con agua muy caliente todas las sábanas, toallas, gorros y demás prendas que hayan estado en contacto con la cabeza del niño, o llévelo todo a la tintorería.

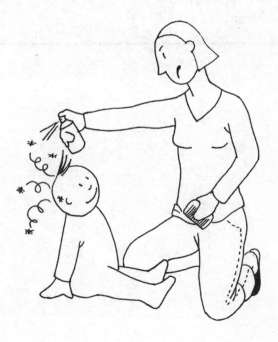

5. Trate todos los peines y cepillos con el preparado o champú que use para el pelo; déjelos varias horas en remojo y después enjuáguelos. 0 si lo prefiere, lávelos con agua muy caliente o hirviendo.
6. Examine la cabeza del pequeño a diario, incluso cuando ya hayan desaparecido; de este modo si vuelven a aparecer los detectará en seguida.

Avise a su pediatra si...

● Se producen infestaciones repetidas.
● Sospecha que hay piojos, pero no puede confirmar su presencia.
● Si el tratamiento prescrito no funciona o solo lo hace temporalmente.

VII. Algunas normas básicas para garantizar su seguridad

80

No sé qué sillita comprar para el coche

Una de las primeras causas de muerte y lesiones de los recién nacidos una vez cumplido el primer mes de vida son los accidentes de tráfico. Si el niño viaja en brazos de la madre, en el asiento de atrás, puede morir aplastado entre el cuerpo de la madre y el asiento de delante o lastimarse seriamente; si va detrás, dentro del capazo, puede salir disparado y pasar entre el salpicadero y el cristal delantero.

Así pues, lo correcto es comprar una sillita de seguridad o capazo homologado antes de que nazca el pequeño e instalarlo desde el primer momento, para que en su primer trayecto, el que le llevará del hospital a casa, no corra ya ningún peligro. La silla debe utilizarse como mínimo hasta que el niño mida 1,20 centímetros o pese 18 kilos.

Ventajas de las sillas de seguridad

- Proporcionan un mayor control de los movimientos del niño.
- Previenen el mareo.
- Evitan la distracción del conductor.

Datos que deben constar en la etiqueta

- La letra E seguida de un número, que indica el país europeo que ha llevado a cabo la homologación (Alemania 1, Holanda 4, Gran Bretaña 12, etcétera).
- La categoría de la silla de seguridad, que puede ser universal –cuando puede instalarse en cualquier tipo de automóvil– o semiuniversal –solo es apta para determinados automóviles, que deben estar indicados.
- El grupo: grupo 0 (de 0 a 9 kilos), grupo 0+ (de 0 a 13 kilos), grupo 1 (de 9 a 18 kilos) y grupo 2-3 (de 15 a 36 kilos).

Criterios a tener en cuenta

- Debe haber superado la prueba del accidente simulado.
- Debe estar homologada por la Unión Europea.
- Debe llevar una hoja en la que aparezcan las instrucciones de colocación.
- Debe poder fijarse correctamente y con facilidad al asiento. Si tenemos que realizar maniobras complicadas, es mejor que la desechemos.
- El niño debe ir cómodo: no debe ser ni excesivamente estrecha ni demasiado grande.
- La cabeza no debe sobresalir del respaldo.
- Preferiremos los modelos que vayan forrados de algodón, material que permite una mayor transpiración y es más agradable al tacto.
- Debe poder limpiarse con facilidad.

81

¿Cómo debería ser la canguro ideal?

Durante los primeros meses de vida de nuestro hijo apenas nos hemos separado de él y nos hemos ocupado personalmente de atender todas sus necesidades, tanto físicas como afectivas. Pasados unos meses, no obstante, es probable que tengamos que confiarlo a otra persona, alguien que no es de la familia. Si este es su caso, vale la pena que se informe bien, sobre todo si el niño va a pasar bastante tiempo con dicha persona.

Consejos para dar con la candidata ideal

- Intente obtener referencias directas, de una amiga o de una conocida a la que pueda preguntar con toda confianza.
- La experiencia es fundamental, pero no tiene por qué estar relacionada con la edad. Hay chicas jóvenes que han hecho muchas veces de canguro y sirven para desempeñar este trabajo, y hay mujeres más maduras, incluso con hijos, a las que no se les da tan bien.
- Una canguro madura puede mostrarse más segura y equilibrada, pero una joven puede conectar más y estar más

dispuesta a jugar con el pequeño. Así pues, deberemos valorar qué es lo que más nos interesa en cada caso.

- La mejor manera de saber si conecta con el niño es observando la reacción del pequeño; si demuestra interés por ella, la busca y le sonríe, seguro que se llevarán bien.
- También debemos fijarnos en la reacción de la canguro: ¿se acerca a él? ¿Se agacha para que el pequeño pueda mirarla a los ojos? ¿O permanece de pie y se lo mira desde arriba?
- Debemos asegurarnos de que goza de buena salud. Es preferible que no seleccione a alguien excesivamente mayor, que tenga dificultades para moverse.

Qué aspectos deben quedar claros

- Lo que esperan de ella y de su trabajo.
- La parte laboral y económica, para evitar malos entendidos y posibles problemas.
- Dónde puede localizarles a ustedes –o a algún familiar o vecino– si pasa algo.
- El número de teléfono del pediatra, de la policía y de los bomberos.
- La dirección del hospital o centro donde debe acudir si se presenta alguna urgencia.
- Detalles referentes a la casa: cómo se abre y se cierra el gas, el agua caliente, la calefacción, etcétera.
- Dónde se encuentra la ropa y el material necesario para atender al pequeño.
- Cómo y cuándo debe alimentarlo.
- Cuándo y cómo debe ponerlo a dormir.
- Cuándo volverán ustedes.

82

¿Cómo puedo evitar los accidentes más comunes?

La mayoría de accidentes domésticos relacionados con niños ocurren por falta de previsión o por descuido y, aunque parezca una contradicción, cuando hay más de un adulto presente ya que, los unos por los otros, acabamos relajándonos y dejamos de vigilar directamente al pequeño. Así pues, para tratar de evitarlos deberemos tomar algunas medidas preventivas e intentar no bajar nunca la guardia.

Medidas que debemos adoptar

- Asegurarnos de que la instalación eléctrica y la calefacción cumplen todas las normas de seguridad.
- Cuando tengamos alguna avería importante en casa, contactar con personas expertas y cualificadas.
- Cerrar siempre las ventanas con cierres de seguridad; de lo contrario, el niño podría asomarse y caerse.
- Poner cristales irrompibles en las puertas acristaladas de los lugares de paso; prefiera los que no son completamente transparentes.
- Guardar todos los productos tóxicos y medicamentos en un lugar de difícil acceso, fuera del alcance de los niños, a ser posible bajo llave.
- Si tiene estufas de gas, comprobar que funcionen bien; de no ser así, podrían intoxicar al pequeño.
- Si utiliza estufas eléctricas en el baño, tener mucho cuidado. Si no funcionan correctamente pueden electrocutar a nuestro hijo.

Algunos accidentes que pueden evitarse

A. Ahogo o sofocación por:

- Ponerlo a dormir en la cama de los padres, entre papá y mamá.
- Ponerlo a dormir en una cuna que no cumple las normas de seguridad básicas –separación entre barrotes, etcétera.
- Meterlo en la cuna con la cadena del chupete enrollada alrededor del cuello.
- Dejarlo solo en la bañera.
- Ingerir un cuerpo extraño: hay que vigilar las piezas pequeñas de los juguetes u otros objetos, sobretodo cuando hay hermanos mayores.
- Tragarse un trozo de alimento excesivamente grande cuando empieza a comer de todo.
- Ingerir una espina de pescado.

B. Lesión física por:

- Utilizar agujas imperdibles para sujetar su ropa, su chupete o alguna medalla.
- Dejarlo solo en una cama de adultos, porque puede rodar sobre sí mismo –aunque hasta ese momento no lo haya hecho nunca– y caerse.
- Dejarlo solo con hermanos pequeños o con algún animal de compañía (un perro o un gato).
- Caer desde cierta altura: un vestidor, una mesa, una trona, una camita sin barandilla, etcétera.
- Quemarse la boca y el esófago con la leche del biberón: debemos comprobar siempre la temperatura antes de dárselo al niño.

- Poner el agua del baño excesivamente caliente.
- Aspirar polvos de talco o algún producto similar, contrayendo una pulmonía química grave.

Medidas que no debemos adoptar

- No deje solo en casa o en el jardín a un niño menor de 4 años.
- No coloque macetas junto a la barandilla de su terraza o balcón; el niño puede servirse de ellas para encaramarse y asomarse al vacío.
- No deje al alcance de los niños objetos peligrosos o dañinos, como planchas, tijeras, herramientas afiladas, etc.
- No deje nunca a un niño pequeño solo dentro de la bañera.
- No encienda la barbacoa o la chimenea con alcohol.
- No vista a su hijo con prendas confeccionadas con materiales sintéticos, ya que arden muy fácilmente.
- No cambie los productos tóxicos de contenedor, ya que luego es muy fácil confundirlos con la sustancia que originariamente contenía el envase.
- No coja a su hijo en brazos mientras cocina, mientras come o mientras se toma una bebida caliente, ya que si lo hace existen muchas posibilidades de que acabe quemándose.

83

La cocina, ¿un espacio prohibido?

Potes de mermelada, objetos brillantes, envases de todas las formas y colores, fuegos que se encienden y se apagan de repente... para los niños la cocina es un lugar mágico, lleno de estímulos y, por supuesto, de riesgos. De hecho, esta estancia repleta de aparatos eléctricos, objetos cortantes, productos para la limpieza, enchufes, etcétera, es la más peligrosa de la casa. Por eso cuando se trata de la cocina resulta fundamental adoptar una serie de precauciones destinadas a reducir al mínimo el número de accidentes.

Consejos para que la cocina sea más segura

1. Los mangos de las sartenes y cacerolas no deben sobresalir del tablero donde se hallan los fogones.
2. Siempre que sea posible, emplearemos los fogones posteriores, es decir, los más cercanos a la pared.
3. Colocaremos una reja de seguridad alrededor de los fogones (las venden en la mayoría de tiendas especializadas en artículos infantiles).
4. Guardaremos los cuchillos y demás útiles cortantes en un lugar seguro. Mientras los estemos utilizando, nos

aseguraremos de que no quedan demasiado cerca del borde.

5. Utilizaremos cierres de seguridad para evitar que puedan abrir los armarios, sobre todo aquellos en los que guardamos la basura, el butano o los productos de limpieza.

6. Trataremos de evitar las mesas y sillas plegables, así como los muebles que se desplazan sobre ruedas.

7. No dejaremos ningún cable eléctrico colgando libremente o por el suelo.

8. Guardaremos las bolsas de plástico en un lugar seguro, al que los niños no puedan acceder.

9. Revisaremos la instalación de gas regularmente.

10. Colocaremos la llave de paso del gas y del agua fuera del alcance de los más pequeños.

11. No estaría de más que colgáramos un extintor en algún lugar bien visible de la casa.

12. Pondremos protectores en todos los enchufes.

13. Desenchufaremos los aparatos después de usarlos. Preferiremos los modelos que estén dotados con un sistema de bloqueo automático.

14. Emplearemos los artilugios de bloqueo que poseen las neveras, lavaplatos, hornos y demás electrodomésticos.

15. Bloquearemos los cajones para evitar que se salgan de las guías si el pequeño tira de ellos.

16. Intentaremos no utilizar alargadores eléctricos.

17. Podemos colocar un detector de fugas de gas.

18. Escogeremos muebles sólidos y fuertes.

19. Colocaremos protectores de goma o plástico en las esquinas de muebles y mesas.

84

¿Cómo debería ser la habitación de mi hijo?

La habitación de un niño pequeño debe ser un lugar de descanso, pero también un espacio para jugar cómodamente y de forma segura. Piense que es muy probable que en ella empiece a andar, a balbucear sus primeras palabras, a desarrollar sus cinco sentidos, a cantar y a leer. Así pues, no debemos atiborrarla de muebles ni de accesorios innecesarios, sino adaptarla a sus necesidades reales e intentar que quede un espacio amplio y despejado en el que pueda jugar.

Muebles funcionales y seguros

- Los elementos útiles para la habitación de un niño son muchos, pero deben elegirse de acuerdo con el espacio disponible. Si la estancia es grande, podemos colocar todos los accesorios que queramos, pero si es pequeña no debemos llenarla exageradamente de muebles.
- Las estructuras deben ser sólidas, de calidad y con buenos acabados.
- Todo el mobiliario debe estar dotado con sistemas de seguridad y de bloqueo.

Algunas ideas prácticas

- Siempre que sea posible emplearemos materiales naturales y pinturas atóxicas.
- Debemos preferir la luz indirecta, porque se proyecta hacia arriba y por tanto cae con la misma intensidad sobre todos los objetos de la habitación. Podemos emplear apliques de pared o lámparas que puedan acoplarse a una estantería alta y enfocarse hacia arriba.
- Evitaremos la moqueta, porque es un receptáculo de microbios y de ácaros.
- Cuando nuestro hijo empiece a dar sus primeros pasos no debemos encerar excesivamente el suelo, ya que podría resbalar, caerse y hacerse daño.
- Para las paredes de la habitación escogeremos colores pastel o neutros.
- Intentaremos que la habitación sea fácil de limpiar y de ordenar.

- Debemos preferir siempre los muebles con formas ergonómicas especialmente diseñadas para los niños.
- Los ángulos y los bordes deben ser redondeados, o estar protegidos con un dispositivo de plástico.
- El material más indicado es la madera, tratada siempre con sustancias atóxicas.
- Preferiremos los muebles que pueden transformarse y crecer con el pequeño. En el mercado existen cunas que se convierten en camas de adulto con mesita de noche, vestidores que se convierten en escritorios, etcétera.

Algunos consejos
para hacerla segura

- Bloquee las ventanas de modo que no puedan abrirse más de 15 centímetros.
- Ate siempre las cuerdas de las persianas o cortinas. Si es posible, intente que queden lejos de la cama.
- Camufle los cables eléctricos; los niños sienten una gran atracción por ellos.
- Esconda los enchufes que pueda detrás del mobiliario.
- Ponga una tapa protectora en los que queden a la vista.
- Coloque tapas o barreras en los radiadores, para que sean inaccesibles. A poder ser, intente que queden lejos de la cama.
- Instale un dispositivo de bloqueo tanto en los cajones como en las puertas de los armarios.
- Escoja una cuna que cumpla la normativa vigente.
- No coloque plantas dentro de la habitación del pequeño.
- Si los cristales no son irrompibles, recúbralos con una película transparente; así evitará que los trozos se esparzan por el suelo o caigan sobre el pequeño en caso de romperse.
- Si la barandilla del balcón o terraza no es lo suficientemente alta, o si la separación entre las barras verticales es superior a los 10 centímetros, fórrela con una tela o red protectora.
- Las cortinas no deben tocar el suelo y deben estar confeccionadas de manera que el pequeño no pueda colgarse fácilmente de ellas.
- Debajo de la ventana no debemos colocar muebles u objetos sobre los que pueda encaramarse el niño.

Sugerencias para mantenerla siempre limpia

1. Si la hay, lavar la alfombra regularmente en la lavadora.
2. Utilizar un aspirador de mucha potencia, para que lo deje todo bien limpio y acabe con el polvo más rebelde.
3. Comprar un modelo de aspirador con filtro para ácaros.
4. Lavar los peluches y juguetes lavables en la lavadora cada cierto tiempo.
5. Airear la habitación varias veces al día, incluso en pleno invierno.
6. Si descubrimos que en la habitación hay ácaros, tratar la superficie infestada con aerosoles o líquidos apropiados, dejar que actúen durante un rato, eliminar los restos con el aspirador y airear bien la estancia.

85

Me gustaría saber cómo debe ser su cuna

En el mercado existen infinidad de modelos de cuna: las hay de madera, de plástico y lacadas; clásicas y funcionales; grandes y pequeñas. La mayoría de modelos que encontraremos en las tiendas especializadas ofrecen la máxima garantía. Sin embargo, no estará de más que antes de comprarla sepamos qué requisitos debe cumplir una buena cuna.

Características del colchón

● Debe encajar a la perfección en el marco de la cama. Si es demasiado grande, obligará al pequeño a adoptar posturas forzadas; si es excesivamente pequeño, el niño puede introducir una mano, un pie o la cabeza en el espacio sobrante y lesionarse.
● Tiene que tener un grosor de 8 a 15 centímetros.
● Puede ser de gomaespuma, de muelles, de crin, de látex y de lana. Lo importante es que permita la transpiración.
● Debe ser rígido, ya que los huesos todavía no calcificados del pequeño precisan de un apoyo firme.
● El forro del colchón debe poder quitarse con facilidad, ya que debemos lavarlo con frecuencia.
● Debemos sacar el envoltorio de plástico que cubre el colchón al comprarlo, ya que el aire debe poder circular por su interior.

Requisitos a tener en cuenta

● Debe ser amplia, para no limitar excesivamente sus movimientos.
● Las barandillas deben tener una altura mínima de 60 centímetros.
● Los barrotes no deben estar excesivamente separados –el pequeño podría meter la cabeza entre los mismos–, ni

demasiado juntos –un pie o una mano del niño podrían quedar atrapados–. La separación ideal entre barrotes es de entre 6 y 7,5 centímetros.

- La barandilla corredera debe estar dotada de un mecanismo de seguridad, para que el niño no pueda abrirla a voluntad.
- El somier o base debe ser plano, rígido y no deformable, además de estar bien aireado.
- Debe llevar un protector acolchado en la zona de la cabeza y en los laterales.
- Tanto la colcha como el posible relleno deben estar confeccionados con materiales transpirables.

Vas a ser mamá
Marianne Lewis

En el embarazo es inevitable que surjan toda una serie de dudas y preocupaciones que inquietan a la futura madre. Empieza una época de cambios y nuevas experiencias, pero sobre todo empieza una nueva etapa cargada de nuevas alegrías. Este libro te da toda la información que necesitas saber presentada de forma clara y práctica, para hacer de esta etapa una de las más felices de tu vida. Acompañado de trucos y consejos, Vas a ser mamá está lleno de respuestas a tus preguntas. Consúltalo siempre que lo necesites.

Consiga que los niños le obedezcan
Isabelle Leclerc

Educar es algo que se aprende, al igual que todo lo demás. Este libro propone más de 100 consejos infalibles, prácticos y no violentos, para corregir los problemas de comportamiento más comunes entre los niños y para orientarlos en el día a día de forma equilibrada. ¿Cómo saber cuál es la mejor forma de actuar cuando se trata de la educación de nuestros hijos? Los consejos de este libro ayudarán a los padres y a las personas implicadas a educar a los niños con amor y firmeza, sin herir su amor propio, ni reprimir su curiosidad natural.

Cómo potenciar la vida interior del niño
Peggy J. Jenkins

La espiritualidad no es algo reservado exclusivamente a los adultos. Esta obra recoge una serie de actividades sencillas y didácticas que los padres y educadores pueden transmitir a los más pequeños en tan solo diez minutos al día. Con hilos y botones pueden descubrir que todos los seres del planeta están conectados entre sí; con recortes de revistas y un par de platos aprenden que el entorno ejerce una gran influencia sobre ellos.

Mi primer año

Conserva los recuerdos del primer año de tu hijo en este bonito álbum de fotografías. Cada página está dedicada a los momentos y hechos más especiales, e incluye un espacio en blanco para que puedas escribir tus pensamientos, sentimientos y recuerdos que te acompañen durante este año tan emocionante. Con casi 40 ventanas para poner las fotografías y páginas donde escribir tus impresiones, este álbum se convertirá en un recuerdo entrañable que guardarás como un tesoro.

A cantar y a dormir **(incluye CD)**
Toni Giménez (ilustrado por Subi)
Una selección de nanas de diferentes tradiciones y culturas. La música es un lenguaje universal y las nanas crean un momento especial, de contacto directo con el bebé, invocando la tranquilidad, la confianza y el amor, facilitando así el sueño de los más pequeños.

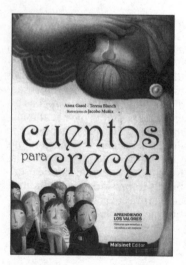

Cuentos para crecer
Anna Gasol y Teresa Blanch
Lo que distingue a los cuentos tradicionales es su pertenencia a la tradición oral, al hecho de haber sido transmitidos de boca a oreja durante generaciones. *Cuentos para crecer* contiene cuentos tradicionales de diversas culturas. Sus héroes son astutos, confiados, tenaces e ingeniosos, y defienden la honestidad, el respeto, el agradecimiento, la paz, la igualdad o el altruismo. En sus páginas el lector encontrará un divertido y lúcido repaso a los valores universales que se transmiten a través de estos cuentos y podrá reflexionar sobre su papel en la sociedad actual.